歴史家山辺健太郎と現代

日本の朝鮮侵略史研究の先駆者

中塚明

この本のなりたち

私は、二〇一四年二月末、三・一独立運動九五周年にあたり、招かれてソウルで講演した。その際、ホテルで、聯合通信、ハンギョレ新聞、中央日報から、それぞれかなり長い時間の取材を受けた。

話は私の生活史や研究歴にもおよんだが、そのすべてを聞いていた、ある市民運動の若い活動家から、「話の中に出てきた山辺健太郎について韓国で本を出したい」という要望があった。

韓国の、しかも若い世代から、このような申し出を受けたのは意外だった。「山辺健太郎の伝記？　むずかしいナ」と思うと同時に、あの天衣無縫の自由人だった歴史家・山辺健太郎だからこそ、時代を超え、国境を越えて、その存在が韓国の若い世代の胸に響いたように思われてうれしかった。

結局、少し思案の後、私が山辺健太郎について一書をものすることにした。

歴史を忘却したかのような現在の日本の思想状況のなかで、日本の青年にも読んでほしいと思い、結局、山辺健太郎が日本の朝鮮侵略史の研究がいかに大切かを力説した、その山辺の主張を軸に、この本を編著として出版することにした。

山辺健太郎（一九〇五～一九七七）については、没後、『山辺健太郎　回想と遺文』（みすず書房、一九八〇年）をはじめ書かれた文章も少なくない。また、山辺自身がその前半生を書いた『社会主義運動半生記』（岩波新書、一九七六年）は名著として知られる。

私は一九五〇年代の中ごろから山辺健太郎と親しく交際し、歴史を研究する上で山辺から多くのことを学んだ。それは私の研究の核となっている。

そこでこの本では、私が山辺健太郎から受けた学恩をあらためて思い出し、随所に私見をまじえながら、近代日本の朝鮮侵略史研究について山辺健太郎が書いた論文や、山辺が研究の拠点としていた国立国会図書館憲政資料室の成立やその意義、そこでの山辺の仕事ぶりなどについて、山辺自身の論文や山辺について書かれた文章などから、私が選んで編集することにした。

また山辺健太郎の夫人、藤原隆代についてはほとんど知られていないので、簡単な伝記的資料を加えた。

こうしてできあがったのが、『歴史家 山辺健太郎と現代』である。

山辺健太郎の学術的で、しかも社会運動史への大きな貢献としては、みすず書房の偉大な編纂事業であった叢書『現代史資料』に、『社会主義運動』（全七冊）および『台湾』（全二冊）を編集したことがよく知られている。山辺健太郎、畢生の業績であったことはいうまでもない。

しかし、本書では、これも山辺健太郎が主張しつづけた日本帝国主義の朝鮮侵略史研究に主眼をおいて編集した。それは私がとくに影響を受けたのがこの分野であったことと、さらにこの問題が、日本人の思想的課題として現在もなおきわめて重要な問題でありつづけていると考えているからである。

本書が日本・韓国の、とりわけ若い人たちに読まれることを期待する。

二〇一五年　秋

編著者　中塚　明

装丁＝商業デザインセンター・増田絵里

✺——目次

序

いま、なぜ山辺健太郎か

「歴史の記憶」と「歴史の抹消・忘却」

日本と朝鮮は隣国である。にもかかわらず日本人は朝鮮についてよく知らない。しかし、偏見は日本人の間にひろくある。

ここで、本書での地名・国名の表記について、あらかじめ書いておく。

第二次世界大戦後、朝鮮半島は二つの国家——南に大韓民国、北に朝鮮民主主義人民共和国と分断されたままである。朝鮮半島は古くからの歴史と文化をもつ。西暦九一八年、高麗王朝が成立してから統一政権が朝鮮半島の全域を支配した。一三九二年、朝鮮王朝ができ、この王朝は一八九七年帝政となり、大韓帝国と国名を変えたが、一九一〇年、日本に併合され植民地とされた。この本では、厳密に国名を使うときはその時期に従って、朝鮮王朝、大韓帝国を用いるが、区別する必要がないときは朝鮮半島全域をさして朝鮮と呼ぶことにする。現在の国名をいうときには、大韓民国を韓国、朝鮮民主主義人民共和国を北朝鮮と略称する。

一八六八年、日本では江戸幕府が倒され天皇を頂点とする統一政権ができた。この明治維新のときから、日本は欧米列強と肩をならべることをめざした。そしてその第一歩として、隣国、朝鮮を日本の支配下におこうとした。

そして日清戦争（一八九四～九五年）・日露戦争（一九〇四～〇五年）をへて一九一〇年、大韓帝国は日本に「併合」され、日本の植民地とされた。「明治維新」から四三年後のことである。

この「韓国併合」の翌年、一九一一年に日本は関税自主権を回復し、幕末に欧米諸国からおしつけられていた不平等条約から完全に解放された。日本が大韓帝国を滅ぼして日本の植民地としたのと、日本が欧米諸国からの不平等条約から自立したのが、ほぼ同時であった。このことは、日本の帝国主義国としての自立と、日本による朝鮮の亡滅が歴史的に一体のものであったことを物語る。

山辺健太郎はこのことを自覚し、一九四五年、日本が第二次世界大戦で敗北した後、近代の日本を理解するには、日本の朝鮮侵略の事実を明らかにし、しっかりその「歴史を記憶」することが不可欠であると主張し、みずからその研究に力をそそいだ歴史家である。

本書は、その歴史家、山辺健太郎を、日本と韓国の青年諸君に紹介するとともに、明治以後の日本の朝鮮侵略の事実を日本人がしっかりと自覚することの大切さを日本の読者に考えてもらうことを目的として書かれた。

いま日本では、歴史を物語に変えてしまおうとする反知性主義の勢力が権力の中枢を占めている。その特徴の一つは、過去を語らないで、もっぱら「未来志向を」ということである。一見、前向きに聞こえるが、その背後には重大な問題が横たわっている。

日清戦争（一八九四〜九五年）から一九四五年の敗戦まで五〇年、日本はあいつぐ戦争にあけくれた。明治の戦争——日清戦争・日露戦争は、朝鮮を日本の支配下におくことをめざした戦争であった。この戦争で日本は世界に公言できない不義・不法を朝鮮にたいして行なった。この二つの戦争の結果、日本は朝鮮＝大韓帝国を併合し、植民地とした。

にもかかわらず、その歴史にまったくふれようとしない。あたかも一九三一年の中国への戦争、あるいは一九四一年の対アメリカ、イギリスなどとの戦争だけが「侵略」であったかのように、「日露戦争は、植民地支配のもとにあった、多くのアジアやアフリカの人々を勇気づけました」（二〇一五年八月一四日、閣議決定された安倍晋三首相の談話）などと、日露戦争での日本の大眼目であった朝鮮制圧、そしてその五年後の日本による韓国併合にまったくふれもしない。このような主張は、過去の歴史をもてあそび、「歴史を抹消し、忘却させる」意図的な言説である。

しかし、歴史の事実は勝手に消し去ることはできない。

また、侵略した側はその歴史を忘れても、侵略された側はその記憶を消すことはできない。

歴史の勝手な抹消・忘却の上に、近隣諸国との真の友好など生みだせるはずはない。

朝鮮には強力な民族運動があった——だが、これを認めたがらない日本

いま日本では、ネット右翼（ネトウヨ）などからもっとも遠い「良識派」とみられている大新聞の紙面や出版社のホームページなどでも、この「歴史の抹消・忘却」に追随するかのような文章が目につくようになった。

ある日の大新聞に登場した大学教授は、韓国のナショナリズムを論じて、韓国には朝鮮王朝五〇〇年の支配理念だった朱子学の強力な「磁場」が今日でも働いていて、「愛国」という磁場に人びとがひきよせられて一体化しているのがいまの韓国だ、という。朝鮮朱子学を恣意的に解釈して、韓国では政府や市民がいまだに朱子学的世界にとらわれているかのようにいう。ここでも日本の朝鮮侵略の事実は一言もふれられない。

さらに最近、有名な老舗出版社のホームページに毎月書いているある文筆家の文章には、「日本時代の韓国には、事実上独立運動はなかった。独立は日本の敗戦によって自動的に得られたもので、解放後も新政府樹立を名のり出るものはいなかった。……」とある。日本の植民地時代、朝鮮に「独立運動はなかった」というのは、根っからの無知か、意図的なデマである。

東学農民戦争、反日義兵闘争、そして日本の植民地時代にも三・一独立運動、上海に大韓民国

臨時政府、満州事変以後の間島パルチザンのたたかい、金九らの韓国光復軍の創設、解放直後の呂運亨らによる朝鮮建国準備委員会の結成、ついで朝鮮人民共和国の樹立等々、朝鮮の民族運動はずっとつづいていた。

朝鮮の内発志向を認めないのは日本の侵略を隠すため

「朝鮮に自主的な近代化は期待できない、朝鮮は落伍した国、停滞した国である」という「理論」が日本で定着するのは日露戦争（一九〇四～〇五年）前後のことである。

高名な経済学者、福田徳三が一九〇三年から翌年にかけて書いた「韓国の経済組織と経済単位」という論文は、「朝鮮停滞論」のイメージをつくりあげるのに決定的な役割をはたした。

さらに日露戦争後になると、日本ではいまでも立派な「国際人」といわれている新渡戸稲造が、朝鮮を視察して「枯死国朝鮮」という文章を書いた。「韓人生活の習風は、死の習風なり。……彼等が国民的生活の進路は殆ど過ぎたり。死はすなわち此の半島を支配す」（一九〇六年一一月、全州にて）と。

新渡戸がこれを書いた直後から、日本の植民地化に反対する広範な抗日義兵運動が起こる。日本軍は、日清戦争のときの東学農民軍へのジェノサイド作戦につづいて、また何万という抗日の朝鮮人を殺したのである。新渡戸が日清戦争のときの朝鮮での抗日の戦いとその日本軍による弾圧を知らなかったはずはない。また日露戦争後のその時、亡国の危機に朝鮮人がふたたび立ちあがることをまったく予期できなかったとも考えられない。

しかし、この朝鮮人の動き、また日本軍の対処をまったく無視して、「枯死国朝鮮」とは！「新渡戸が創った罪深い虚像」（井上勝生『明治日本の植民地支配』岩波書店、二〇一三年、一八六ページ）である。

敗戦後の日本で韓国・朝鮮について語るとき、日清・日露戦争のころにつくられた朝鮮観がひろく維持されただけでなく、装いを新たにして、いっそうひろげられた。

司馬遼太郎は『坂の上の雲』で日清・日露戦争の時期を描いたのだが、朝鮮をどう書いたか。(i)朝鮮は自分の国を自力で守れない、(ii)経済的にも停滞し落伍した国である、(iii)自力で国を守れないから絶えず大国にたよる自主性のない国である――と書いたのである。

司馬が、朝鮮の地理的な位置、自己革新の無能力、そして帝国主義時代の宿命論で朝鮮を論じたとき、そのスタンスは、一つには、日本が朝鮮でなにをしたのかを語る必要はなく、また二つには、日本の侵略に対して朝鮮ではどんな動きがあったのかを読者に伝える必要もなし、というものであった。

つまり明治の日本がどんなやり方で朝鮮を侵略したのか、朝鮮ではその日本の侵略に対してどのような抗日の動きがあったのか、それを語らないですませる巧妙な「朝鮮論」であった。――しかし事実は、さきほどほんの少し紹介しただけでも、それとは全然違うものだった。

「ゆがんだ朝鮮・韓国論」は「日本はどんな国なのか」をわからなくさせる

朝鮮には日清戦争・日露戦争、そして日本の植民地時代を通して、さきほどざっと紹介したように強力な民族運動があった。その朝鮮の民族運動を刺激することを恐れた日本は、日本が朝鮮でなにをしたのか、どういう手段で朝鮮の自主的な動きをおさえつけたのか、そういうことをいっさい隠してきた。

朝鮮は近代の日本が帝国主義国として成長していく上で、最初から侵略・制圧の目標にした国である。日本が朝鮮を支配するためにどのような手段を用いたのかということは、ほかでもない「近代日本」の姿を明らかにすることである。

いまでも日本に流布している「ゆがんだ朝鮮・韓国論」は、実は「日本という国はどんな国なのか」ということを日本人自身がわからなくなる、またわからなくさせられる歴史の見方なのである。

いまに生きる山辺健太郎の教え——二つのこと

山辺健太郎が主張したことの——

第一は、日本の近代史を理解するには、朝鮮問題の研究が不可欠である、日本の朝鮮侵略の問題、それを抜きにしては日本の近代史はわからない、ということである。

朝鮮には強力な民族運動があり、その民族運動を刺激することになる日本の朝鮮侵略の研究は、一九四五年の敗戦前、天皇が主権者であった大日本帝国憲法の下では許されなかった。その結果、日本の社会科学、歴史研究において日本の朝鮮侵略の研究は非常に弱かった。そのことは、日本の近代とは何であったのかを解明する上で大きな落とし穴になっていた。だから日本の近代を理解するために、事実にもとづいた日本の朝鮮侵略の歴史を明らかにすることを山辺は一貫して主張したのである。

第二は、国を統治する全権限を天皇が握る専制支配のもとでは、歴史の真実は隠されていた。編纂された歴史書や史料集までも含め、また政治家や軍人の伝記などには、さまざまな改竄《かいざん》、故意に書き換えたり、削除（隠蔽）がなされた。だから山辺健太郎は、そういう書物や編纂物で勉強しようと思ってもダメだといった。そして、第一次史料を探せ、生《なま》の史料、手の加えられていない史料を探して勉強しろと、これから研究を始めようとしている若い学生たちに、口をすっぱくして教えていた。

私も現在まで半世紀以上になるが、山辺健太郎のこの二つの教えをたえず頭において歴史の研究をしてきた。この教えをどれだけ活《い》かしえたかは別として、この山辺の教訓が私の研究を貫いていると自分では思っている。

この山辺健太郎の二つの教えは、歴史の研究者に対してだけのものではない。ひろく日本人の歴史の見方について、現在でも生きている。山辺健太郎が主張しつづけてきたこの二つのことがらは、現在の日本への警告であり、思想的課題として生きている。日本人の歴史認識を問いただす、いまなお重要な提言であることを強調しておきたい。

I

歴史家・山辺健太郎の風貌

「山辺健太郎」って、どんな人？

山辺健太郎――その名は歴史家として、また、二〇年代からのコムニスト・戦時下獄中の非転向で、よく知られている。

小学校を卒業しただけで実社会に出て、社会主義の実践活動に入り、投獄・出所・投獄をくりかえし、八・一五で出所した。

彼に接したすべての人は、その素朴な童心と人なつこさ、雑談放言のなかの史実と人間にたいするカミソリのような鋭い警句。知識と書物を愛し、山登りを唯一の楽しみとし、猫を愛したその風格を、なつかしく思い起こすであろう。

どんな枠にも、カテゴリーにもはまらない――学問においても監獄内での生活でも――人間の自由さをそのままに充実して生きてきた七二年の生涯。それは友人たちにとってかけがえのない宝であった。

これは山辺健太郎が亡くなった後、一九八〇年、みすず書房から刊行された『山辺健太郎　回想と遺文』（遠山茂樹・牧瀬恒二・犬丸義一・藤井忠俊 編）のカバーに書かれた彼の生涯を凝縮した文章である。

小尾俊人「山辺健太郎の知性」

そのみすず書房の編集者であった小尾俊人《おびとしと》（第二次世界大戦後の日本の出版界でのゆびおりの編集者であった）は、後年、「山辺健太郎の知性」という短い文章を書いている。紹介しよう。

山辺健太郎。国立国会図書館で。

「文は人なり」（ビュフォン）のことばはよく知られているが、「本は著者なり」「出版は編集なり」ということもできよう。

みすず書房の編集室は、その時々の企画を反映して、出入りする人びとはさまざまであるが、『現代史資料』の時期はとくに、左右両翼いり乱れ、さながら「梁山泊」のおもむきがあった。無精ヒゲ、手には風呂敷、下駄ばきで現れ、資料吟味にあけくれする山辺さん。はじめて阿佐ヶ谷のお宅へ伺った時の印象は鮮かで、本は棚ではなく居間の平面一杯に敷きつめられ、その上に寝具も食器も置かれていた。猫が十数匹そこに同居、異臭を放っていた。そんな生活からの連想とはまったく対照的に、原稿の文字は一コマ一コマ端正で美しく、見事だった。事実の前での謙虚、明快な判断、切れのいい文章、瞬間のユーモア。そんな山辺さんだった。

氏の仕事は、ねず・まさし氏によってつぎのように評価されている。「二十六年の後半生を彼が徹底的に打ち込んだ仕事は、『現代史資料』中の『社会主義運動』第一から第七までの編集と解説である。厖大な裁判記録に丹念に目を通して、かゆい所に手のとどくような解説は、研究者ばかりでなく読書人にとっても貴重な業績である。永久にのこる仕事として、輝くであろう」と。

山辺さんは独学の人、いわゆる学歴はなかった。「学問に学歴はいらないが、努力はいる」(氏のことば)。その学識と人柄によって、どれほどの若い人びとに知的刺激を与え、想像力を喚び覚まし、また生きるハリを与えたことだろう。

山辺さんの青春は一九二〇年代だった。「頭はボル、心はアナ」の、時代の子だった。それは一生貫かれた。独立的で正直な自由人だった。人間がロボットを模範とする現代では、こうした存在は、稀であり、かつ困難であろう。
生涯の事業の一つで、未完のまま残された陸奥宗光『蹇蹇録』の校訂研究は、その若い友人、中塚明氏によってみごとに完成された（校訂本は岩波文庫、研究は『蹇蹇録の世界』みすず書房）。（後略）

（『出版ダイジェスト』一九九二年六月二一日所載「著者の書斎」）

菊地昌典「社会主義者としての山健さん」

もう一人、山辺健太郎の若い友人でロシア史の専門家、菊地昌典が書いた「社会主義者としての山健さん」を紹介しておこう。（（　）内は中塚の注記。なお、改行を増やしたり行間をあけたりして読みやすくした。また菊地の明らかな誤記は訂正した。）

社会主義者であり、一貫して在野の歴史家をおしとおした、山辺健太郎氏が逝った。酸素吸入から深く息をすいこむごとに、大きく下顎部を上下させ、必死に、迫りくる死とたたかいつづけた山健さん（人びとは山辺健太郎を親しみを込めて「山健さん」とよんでいた）も、遂に力尽きたのである。

死の数日前から意識は混沌状態であったというが、なくなる二日前の横顔は、苦しい表情もきえ、七一年の精一杯頑張りぬいた疲労をふりすてた安らかな顔立ちであった。酸素吸入のため、あの無精鬚もきれいに剃ってしまった顔は、鼻すじも高く、色白で、なかなかの好男子であった。

たしか小倉金之助さん（数学者）の葬式のとき、国会図書館前で、背広にネクタイ、靴をはいたヒゲなしの山健さんにあったことがあるが、その時は、山健さんによびとめられるまで私は、そのダンディな紳士が山健さんとは判別できなかったほどであった。その時のことを私は回想した。だが、筋肉の削げおちた手と、やせた足が、眼につきささり、胸がしめつけられた。

息をひきとったのは（一九七七年）四月一六日午後九時二〇分であった。それは安らかにして、静かな死であった。死因は、回盲部のガンとされたが、長年の糖尿病が手術の回復をおくらせたこと、それに手術後の歩行の強制が病状悪化の原因のひとつになったのではないか、と私は思う。

社会主義者としての山辺健太郎の前半生は、『社会主義運動半生記』にくわしい。明治三八年（一九〇五）、（東京）本郷にうまれ、悪童ぶりを発揮しつつ、丸善の住み込み店員、足袋工場の職人などを転々として、大正九年（一九二〇）頃から労働運動に参加するようになり、アナーキズムに接近していくことから、昭和二〇年（一九四五）一〇月（東京）府中予防拘禁所（一九四五年の敗戦前の日本で、天皇の専制支配に屈伏しなかった政治犯・思想犯を終身拘禁するために設けられた監獄）を出るまでの四〇年間が『半生記』に凝縮している、実に興味深い本である。

私は、山健さんが非転向をとおした、あるいはとおせた原因は何ですか、とぶしつけにも聞いたことがあった。山健さんは一言、「そりゃ、性格だよ。もってうまれた性格だ。理論なんかじゃない。コンチクショウという根性がなければダメなんだ」と答えたのである。マルクス主義を頭をとおしてうけいれた結果、つくりあげられた理念とかイデオロギーが転向、非転向をわけるのでなく、もってうまれた反抗心、頑固さが、キメ手になるという答えは、山健さんの知識人批判でもあったと思う。

歴史を資料だけでまとめあげることの危険さ、偽瞞性も、社会主義運動の業火をくぐりぬけてきた山健さんにとっては、骨身にしみていたにちがいない。

山健さんと竹村英輔氏による「十月革命が日本にあたえた影響」（『前衛』一九五七年一〇月号）も、従来の日本にまかりとおっていた俗説、つまりロシア革命が日本に直接的に影響を与えたという考えを、綿密な資料による実証で批判したものであった。六全協につづくスターリン批判前後の『前衛』その他に書いた論文は、いまでも、高く評価されてよいものが数多くあるといってよい。

一九六六年に『日韓併合小史』、一九七一年に『日本統治下の朝鮮』を共に岩波新書で出した。山健さんは、国会図書館の憲政資料室を自分の研究室のように使っていた。そこへいけば、いつも山健さんが勉強していたし、また、実に貴重なレファレンサーとして来館者の質問やガイダンスをしてくれていた。

当時、私は国会図書館に勤めていたから、山健さんの体験的現代史をしばしば聞く機会があった。ゾルゲ事件や伊藤律問題、あるいは山本懸蔵に関する秘話が、山健さんの口をとおして語られるとき、リアリティが感じられ、現代史の裏面に粘着する不気味なものを感じさせてくれた。山健さんには、日本におけるコミンテルン研究の先駆ともいうべき『コミンテルンの歴史』(一九五〇年)などがあるが、何よりも不滅の業績というべきものは、『現代史資料・社会主義運動篇』全七巻の刊行であろう。

山健さんは、戦時中、非転向をおしとおしたが、私はそれをマルクス主義そのものというより、山健さん自身の体にしみこんだアナーキズム的性格、言葉をかえていえば、束縛をきらい、秩序をこのまず、つねに自由奔放にいきるという、どうしようもない体質にあったと考えている。その山健さんが長い刑務所ぐらしに耐えぬいたというのは、パラドクスではなく、刑務所の内部にたちまち自由の領域をつくりあげてしまう稀有の能力によるものではなかったか。

東京予防拘禁所時代のガリ版刷同人雑誌『葦牙《あしかび》』にのっていた山健さんの歌に、次のようなものがある。

「人住まぬ小屋に見つけしいなりずし
　　犬と食らひき固く凍てしも」
「白鷺の姿はあはれ朝やけの
　　千切れし雲の中に消えたり」

ここには、三十代後半の山健さんのセンチメンタリズムと共に、終生、犬や猫をこよなく愛し、子供とたわむれながら孤独の人生をかみしめて、社会主義者の道を歩みつづけた姿がある。

山健さんは、組織の人間ではなかった。組織の中の歯車として機能することに喜こびを感じるような人間ではなかった。だから、もっとも孤独な世界としての学問に没入していったたのであろう。それには、幾多の障害があった。小学校卒という学歴をもって学問の世界へ戦いをいどむにあたっては、私達の想像をこえた気力と努力、そして毎日の精進があったにちがいない。

歴研大会（歴史学研究会の年次大会）での山健さんの爆弾発言は、つねに、多くの学生、研究者をおどろかした。山健さんのこの発言をきくのが楽しみで大会へ行っていたという者もいる。私もその一人であった。

十数年前、アメリカのジョージ・ケナンが来日した際の山健さんのアメリカ人日本学者の勉強不足批判は、堂々たるものであり、ケナンは会終了後、山健さんに心から謝意をあらわしていたのを私は思い出す。

山健さんの眼からみた日本の歴史学界とは、いったいどのようなものであったのだろうか。日本が民主々義化されたといっても、山健さんが、やはり、一生在野でありつづけたという事実のなかに、我々の考えねばならない教訓があろう。

おそらく、今後、山健さんのような異色の歴史家はうまれてくることはあるまい。『社会主義運動半生記』の後半を未完のまま、山健さんは、逝ってしまった。

いずれ、山健さんの全仕事を、彼の個性と関連づけて考えてみたいと思う。

（一九七七年）四月二八日午後二時、東久留米団地集会所で、山健さんの告別式がしめやかにおこなわれた。その一隅には、予防拘禁所時代に山健さんが製作した手提げの編篭や色紙などの他に、山登りをする写真などがかざられていた。誰かが、ゲタも並べればよかったなあ、といった。

都心から離れたところだったにもかかわらず、三百名以上の方々が山健さんと別離の言葉をかわすために集って下さった。それは、戦後三〇年のはげしい時代の変化にともなって、さまざまに分裂していったイデオロギーのちがいなどというものが、まことにつまらぬ些事にすぎないのではないかと私に思わせるほどのものであった。

そう思わせるほど、多くの方々を集めたところに、山健さんの人徳があった。

つまり、真の社会主義者の姿が、そこにあったのである。

（『歴史学研究月報』二一〇号、一九七七年六月、所収）

山辺健太郎の学界での評価

編集者や国会図書館の職員として、山辺健太郎を近くに見て親しくしていた人の「山辺健太郎観」は、まことに生き生きとしていて興味深い。

山辺健太郎はアカデミズムとは縁のなかった人であるが、彼の研究は歴史学界でどう見られていたのか。客観的にどのような評価を学界で得ていたのか。

それを知るのにちょうどよい資料がある。弘文堂から二〇〇三年に出版された『日本史文献事典』(編者＝黒田日出男・加藤友康・保谷徹・加藤陽子)がそれである。

この事典には、古代史から現代史に至る日本史研究の三三七二点の研究文献が収録されていて、原則として著者自身が、その著作の意図・内容・史学史的意義などを書いている。それがこの事典の特徴であるが、物故者については編集委員が、その研究分野の適切な研究者に執筆を依頼して解説が書かれている。

山辺健太郎の著作は二つ収録されている。『日韓併合小史』と『日本統治下の朝鮮』(ともに岩波新書)である。この事典が編集されているとき、山辺はすでに他界していたので、それぞれ専門の研究者が山辺のこの著作について書いている。

山辺健太郎が日本の歴史学界でどう評価されていたのかを知るのに、興味ある文献なのでここに紹介しておくことにする。

◇『日韓併合小史』岩波新書、一九六六年　※執筆者は森山茂徳

山辺健太郎は、書店員、足袋工場労働者などを経て労働運動に入り、四・一六事件および

治安維持法違反などで検挙され、獄中生活を送った後、戦後、共産党統制委員などを勤めたが、五〇年代後半から歴史叙述に専念した。社会運動史から日本資本主義発達史の研究へと向ったが、植民地研究という従来の研究の欠落を補うことを目指し、特に、日本人は侵略国の人間として、日本侵略史を書くべきだとする立場を貫いた。また、『現代史資料』の編集でも、貴重な業績をあげた。

その学風は、俗説を排し、原史料に基づいて新しい史実を発見し、その真偽をつきとめようとする、史料主義、実証主義であり、多くの貴重な史料を初めて紹介した。しかし、反面、史実は限定的で、総合的・構造的な歴史把握には弱かった。

本書は、一八七六年の朝鮮開国から一九一〇年の日韓併合までの、朝鮮に対する日本の侵略を、外交史を中心として叙述した通史である。李朝末期の朝鮮、および、一九世紀のアジアの情勢から筆を起こし、日本と中国およびロシアとの対立を縦軸に、朝鮮国民の反対運動を織り交ぜ、併合に至る日本の朝鮮侵略の推移を明らかにした。本書の一つの柱は、日本の朝鮮侵略が経済的理由よりも、政治的・軍事的理由によるものであったことを論証した点にある。しかし、経済的側面の記述も疎かではなく、当時、利用しうる統計も駆使している。もう一つの柱は、日本の政治家などの顕彰的記述に対する、史実による断固たる否定であり、善悪の明快な判断である。さらに、欧米諸国についても、最小限、その役割にふれている。

この後、『日本の韓国併合』および『日本統治下の朝鮮』が刊行されたが、その中では通史として最もわかりやすく、均衡のとれた叙述である。発見した史料を省略せずに収録し、事実の意義づけはできるだけ簡潔に記し、日本の朝鮮侵略を明らかにした、記念碑的著作である。

◇『日本統治下の朝鮮』岩波新書、一九七一年　※執筆者は宮本正明

山辺健太郎は戦前から労働運動にたずさわる活動家。一九四一年に治安維持法違反で検挙・投獄後も非転向を貫き、戦後は日本共産党に属するかたわら社会運動史の研究に従事したが、研究者としては終始アカデミズムから距離を置いた。

朝鮮への関心は獄中での朝鮮人活動家との出会いを「原点」とし、日本資本主義の展開過程において植民地での収奪が果たした役割に着目、本格的に取り組みはじめる。朝鮮関係の著述では、侵略国に属する日本人として日本帝国主義の植民地侵略の歴史を明らかにすべきとの立場を貫いた。本書もまた、こうした問題意識のもとに植民地時代の朝鮮を描いた通史である。叙述のスタイルは、特に支配側の内部史料に基づいて侵略・支配の暴力性や苛酷さを暴きだすものである。それだけに原史料へのこだわりは並々ならぬものがあり、原史料の精力的な博捜・発掘を通じて、事実関係をできる限り正確に復元し、侵略・支配の生々しい

実像を洗い出すことに専心した。そのため史料引用に際しては、文献中にある統計数値や粉飾的な言辞などに対して厳密な考証・批判を行ったうえで、その分量を問わずつとめて原文全体を提示し、一部記述の抽出や加工を避けている。

三・一運動の性格規定をはじめ著者の「朝鮮史」のとらえかたには当時から議論があり、本書刊行時に比して飛躍的な進展をみせる研究蓄積と史料状況の現段階に照らせば、叙述への違和感や認識の過誤を指摘することはたやすい。とはいえ朝鮮侵略・支配の事実に日本人としてどのように向きあうべきかという問いかけ、徹底した史料批判の手法は現在もなお息づいている。また植民地支配の実態をかえりみて再確認するという意味では本書の価値は今も損なわれていない。

山辺健太郎の略年譜

「歴史家・山辺健太郎の風貌」を書いてきたが、ここで山辺健太郎とは、どういう人なのか、その前半生は『社会主義運動半生記』（岩波新書）に書かれているが、ここでは生い立ちから死去に至るまでの、略歴を記しておきたい。

私は一九五六年から約二〇年間、山辺健太郎と親しくしてきたが、山辺が自分の生い立ちや家族、また自分の経歴などについて話をしたことはほとんどなかった。「今を生きている個性・山辺健太郎」という雰囲気をいつも漂わせている人であった。

『社会主義運動半生記』の最初のページは「別府行き」の小見出しではじまる。

生まれたのは一九〇五（明治三八）年五月二〇日、東京の本郷台町、満二歳のころ母につれられて別府に行く。父親とは東京にいるころに生別しているが、何ひとつ覚えていないと書いている。そのページに「それに運動（社会運動、共産党の運動のこと—中塚）に入ってからは係累はないほうがいいと思っていて、親が死んだりすると、「よかったね」と祝いをいったりしていましたから……」と語っている。

山辺健太郎と親交のあった犬丸義一（一九二八〜二〇一五）が、山辺の死去後、『歴史評論』（三二六号、一九七七年六月号）に、山辺健太郎死去の報告と略歴を書いている。その全文を紹介する。ただし、一部を同じく犬丸義一作成の山辺健太郎の「略年譜」（みすず書房『山辺健太郎回想と遺文』）から補った。

会員（歴史科学協議会）の山辺健太郎氏は、糖尿病と肺結核のため、一年半前から東京世田谷区の久我山病院で入院・加療中でしたが、本年（一九七七年）三月三一日、回盲部のガンの手術を行った後、ガン手術は成功したが、糖尿病との合併症の関係で、手術後急変し、四月一六日、午後九時二〇分、同病院でなくなられた。二八日、遠山茂樹氏を告別式委員代表として、告別式が挙行され、労働運動・社会運動関係の旧友、多くの歴史家、社会科学の他分野の多数の人が参加した。

【略歴】山辺氏は、一九〇五年五月二〇日、東京の本郷でうまれ、別府小学校を卒業しただけで、大阪の丸善支部、足袋工場で働きながら、外国語・社会主義理論を学び、労働運動・社会主義運動に参加した。一九二一年大阪の第一回メーデーに参加し、小岩井浄主宰の自由法律相談所事務長となり、総同盟大阪連合会での活動をへて、日本労働組合評議会に参加し、一九二五年八月、大阪一般労働組合結成と共に常任委員・教育部長となった。

一九二六年の浜松の日本楽器争議に参加しアジトで「争議日報」の発行を担当した。日本の共産主義グループに参加したのは、この頃と推定されている。一九二七年、全日本無産青年団体連盟創立大会に参加し、一九二八年の三・一五事件の一斉検挙には、別府に行っていて免れたが、六月、大阪に出て共産青年同盟再建にたずさわり、翌二九年四・一六事件で検挙された。三一年一月控訴審判決があって懲役三年に処せられ、高松刑務所に下獄。一九三三年暮出獄後、堺市の泉野利喜蔵氏宅に行きつき、全泉労働組合に参加し、大阪労農無産協議会に参加するなど、人民戦線的な活動を行った。

他方、思想界にも大きな思想的・社会的影響をもたらしていた数学者小倉金之助に師事し、数学を学んだ。

一九四一年一二月九日、太平洋戦争開始直後の一斉検挙をうけ、屈伏しなかったため、東京中野の予防拘禁所送りとなり、四五年夏、府中予防拘禁所に移された。

敗戦後、一〇月一〇日出獄、戦後は日本共産党の再建に参加し、一九四八年の第六回大会では統制委員となる。

一九四七年七月一五日の日本共産党創立二五周年記念事業として設置された日本共産党党史委員会の一員となり、この前後から日本共産主義運動史・社会主義運動史の史料蒐集と研究に従事、現在に至り、その第一人者となった。

また、大月書店版『マルクス・エンゲルス選集』刊行委員、『レーニン全集』『マルクス・エンゲルス全集』刊行委員の一人として、マルクス主義古典の翻訳・解説に従事して現在に至る。

一九五二年三月、『歴史学研究』一五六号に旗田《はただ》巍《たかし》『朝鮮史』の書評を書き、以後、日本帝国主義と朝鮮の関係史についての研究、論文を次々と発表するようになる。歴史科学協議会の機関誌『歴史評論』には、一八八・一八九号（一九六六年四・五月）に座談会「朝鮮侵略史の真実を語る」がある。

【主要著作】『コミンテルンの歴史』（一九五〇年、新興出版社）、トレーズ『続人民の子』

（一九五一年、三一書房）、フォスター『アメリカ政治史概説』上・下（一九五四・五五年、大月書店）、『現代史資料・社会主義運動(1)～(7)』（一九六三～六八年、みすず書房）、『日本の韓国併合』（一九六六年、太平出版社）、『日韓併合小史』（一九六六年、岩波新書）、『日本統治下の朝鮮』（一九七一年、同）、『社会主義運動半生記』（一九七六年、同）。

山辺健太郎と私の出会い

私がはじめて山辺健太郎と話をしたのは、一九五六年の歴史学研究会大会のときである。一九五〇年代の前半、とりわけ一九五二～五三年ごろ、日本の歴史学界、とくに学生や、研究者への道を歩み始めていた若い大学院生などに相当な影響をあたえた運動に「国民的歴史学の運動」があった。

敗戦後、数年もたたないうちに急速にあらわれ始めた「大日本帝国時代」への回帰の傾向、―一九五〇年の朝鮮戦争を契機とする旧軍隊の再現につらなるとみられた警察予備隊（後の自衛隊）の創設や、公職追放されていた各界の戦争協力者の追放解除、対日平和条約締結（一九五一年九月）と同時に結ばれた日米安全保障条約などに、その傾向はあらわれていた。

こういう状況下で、歴史の研究者は大学の講壇から、あるいは大衆的な講演会などで、一方的に話をするのではなく、農村や工場に入って労働者や農民の声を聞き、その要求に応えるような歴史研究をすべきだ——という趣旨の運動、「国民的歴史学の運動」が、民主主義科学者協会歴史部会のリーダーだった歴史家、石母田正《いしもだしょう》や藤間生大《とうませいた》、林基《はやしもとい》らの提唱で広まっていた。

おりから中国革命の成功（一九四九年一〇月、中華人民共和国の成立）があり、人民大衆のなかにはいって活動することが学問研究の基礎であるかのような風潮が、この運動を後押ししていたとも私は考えている。

しかし、歴史学の実用主義的な利用——それが提唱者の本意ではなかったにせよ——などは研究者の世界ではたちまちゆきづまり、しかも、敗戦後一〇年近くにもなると各々の大学などではアカデミズムの体制も落ち着きをとりもどしつつあって、国民的歴史学の運動は停滞してしまった。

山辺健太郎ははじめからこの「国民的歴史学の運動」には批判的であった。私は一九五六年に民主主義科学者協会歴史部会が計画した『講座歴史』に「「村の歴史・工場の歴史」の反省」を書いたが、その直後の歴史学研究会の大会で、山辺から「これでよい」と言葉をかけられた。それが山辺健太郎と言葉を交わしたはじめである。

山辺健太郎から「国民的歴史学の運動」について、系統的に話を聞いたことはないが、彼はそのころすでに国会図書館の憲政資料室などで第一次史料にもとづく近代日本の朝鮮侵略の研究を進めていた。彼は学問研究とは、てっとりばやい実用主義とは無縁のものである、歴史学には綿密な史料批判を伴う実証的な研究に懸命の努力が必要であると考えていたことはまちがいない。

毎年五月ごろに開催される歴史学研究会の年次大会には、山辺も顔を見せ、舌鋒するどい発言をして評判になっていた。私もそれを聞くのを楽しみにしていた。そのうちに私も論文を発表するようになり、山辺にもその抜き刷りを送ったりし始めた。

山辺健太郎と筆者（左）。天理図書館前で。

「自由民権運動と朝鮮問題」という論文（奈良女子大学文学部附属中・高等学校『研究紀要・第二集』一九五九年）は、私の京都大学での卒業論文をもとにしたものだが、それを山辺に送ったところ、朝鮮問題の重要性を説き自分でも研究を深めていた山辺が注目してくれて、それ以来親交を深めることになった。

山辺健太郎は、文通するに際して「返事がほしかったら、住所を書いて返信用のハガキをいれときなさいよ。そうでなきゃ、ぼくは手紙なんか書かないよ。アッハッハッ」といたずらっぽく笑うのが常であった。「返信用のハガキを入れる」、それを私は忠実に守った。その結果、山辺から八五通の書簡をもらったが、その書簡については、第Ⅴ章で一部紹介する。

次に、以下の章で、山辺健太郎の「朝鮮問題を解明しないと日本の近代史はわからない」という主張と、「第一次史料で研究せよ」という提言のもつ意味を、山辺の書いた文章を紹介しながら論じることにする。

前者は、かなり長文になるので、

第Ⅱ章で、朝鮮史研究への山辺健太郎の問題提起

第Ⅲ章で、日本のナショナリズムと朝鮮問題

の二つの章に分けて述べることにする。

II

朝鮮史研究への
山辺健太郎の問題提起

予防拘禁所での山辺健太郎と金天海

山辺健太郎は日本が太平洋戦争に突入した一九四一（昭和一六）年一二月、治安維持法違反で検挙され投獄された。一九二九年（昭和四）年、「四・一六事件」（前年三月一五日の「三・一五事件」につづく日本共産党員の検挙・弾圧事件）で逮捕され、一九三三年出獄していたが、太平洋戦争の開戦時にふたたび逮捕され、予防拘禁所に送られたのである。

山辺健太郎はここで在日朝鮮人労働運動の指導者である金天海に出会う。

自伝『社会主義運動半生記』で予防拘禁所のことを書いた中で、つぎのように書いている。

予防拘禁所で、偉いと思ったのは、まず天理教の人です。死刑を求刑されたのだと思うけれど、どこふく風で悠々としていました。朝鮮人では在日朝鮮人運動の中心だった金天海です。彼は拘禁所で痔の手術をしたのです。医務の雑役に軍医で入った人がいて、手術なんかうまかったのです。術後、私が雑役について、尻をふいてやりました。金天海に出会ったことなどが、のちに私の朝鮮史研究の原点になっていると思います。日本資本主義研究にとって植民地収奪をぬきにできないと思ったんです。……

私は、尻の穴は筋があって、菊の御紋章はそれからとったんだと大声で言ったりしましたよ。役人は不敬だなんて言っておこっていましたが、オリの中だから何もできない。

私は、胃潰瘍だと称して戦争中ずっと牛乳を二本とっていました。丸善の小僧をやっていた時から、病気の本などをよく読んでいました。軍隊の訓練を休むために病気をよそおう者が多いので、『詐病鑑定法』などというのを軍医が書いています。それを読んで、逆をいってやったら、胃潰瘍ということでとおってしまったのです。潜血反応で便などを調べるんですが、わざと歯茎から血をだして混ぜてやったらひっかかっていました。

だいたい監獄医など、「獣医」といっていたものです。その獣医がまちがってしまって、かたいメシから、お粥になりました。それで牛乳もとってくれて、しまいにはパンなどもだしてくれた。ひじきの煮たのがでた時、これはいいことをしてくれたと思って、所長が回ってきたとき、「胃潰瘍だっていうのに、ひじきなんて食わせて殺す気か！」とわめきちらして、ひじきをぶっかけてやりました。病人だから懲罰にもかけられないし、ほんとうの病人だった朝鮮人の同志にのませていました。よほどの病人でないとなかなか牛乳なんてのめなかったから。

（山辺健太郎『社会主義運動半生記』岩波新書、一九七六年、二〇九～二一一ページ）

『社会主義運動半生記』のこの文章は、出獄後の山辺の「朝鮮史研究の必要性」を説く背景として注目されるものである。

ただ、私は、山辺がここで「金天海に出会ったことなどが、のちに私の朝鮮史研究の原点になっていると思います」と書いていることにはもう少し注釈が必要だと思う。

「原点になっている」というと、金天海にいわれて山辺がにわかに「朝鮮史研究」の必要性を悟ったかのように受けとられかねないが、そういう理解では少し違うのではないか、と私は思っている。山辺は、つづけて「日本資本主義研究にとって植民地収奪をぬきにできないと思ったんです」と書いているが、それは金天海に教えられたというより、山辺が一九二〇年代からの勉強で身につけていた知的関心、そして社会運動家としての活動によって、金天海の話を受けて朝鮮史研究の必要性をすぐ理解できた素地が山辺にはできていたと私は考えている。

博覧強記の山辺健太郎

山辺健太郎は天衣無縫、天皇専制の日本帝国でも、国家権力の弾圧にも屈しない向こう意気の強い人であっただけではなく、頭脳明晰、博覧強記、記憶力抜群の人でもあった。

子どもの頃のことが『社会主義運動半生記』のはじめの部分に出てくるが、「学校（小学校）

に入るときはもう中学生の読むような本を読んでいました」との思い出を語っている。

小学校をでて、一九一九年の春、丸善の大阪支店の小僧として働き始めるのだが、欧米の書籍を扱っていた丸善では、宣教師に頼んで従業員に英語の教育をしていた。山辺はそこで英語の読み書きをマスターし、さらにフランス語やドイツ語も本の表題ぐらいは読める程度の語学力を身につけたのである。

しかし、「持ち前の反骨と時代の風潮から社会主義の道に走った」（『社会主義運動半生記』二七ページ）と書いているように、一九二〇年から丸善をやめて労働運動の世界に飛び込む。

山辺健太郎、数え年、一六歳の時である。

彼は丸善に勤めていたときからよく本を読んで勉強していた。当時、出版されていた社会主義関係の雑誌なども、手に入るものはひろく読んでいた。

丸善をやめて足袋工場で住み込みで働くのだが、そのころのエピソードを『社会主義運動半生記』から紹介しておく。

……それでまあ、寸暇を惜しむように勉強した。これは震災（一九二三年の関東大震災）のちょっと前ですが、『社会主義研究』という雑誌を読んだ。これは、はじめ山川均の編集でしたが、私が読みはじめた頃は西雅雄（一八九六〜一九四四、昭和期の社会運動家）が編集していた。この人もなかなか勉強家で、中学を出ただけで独学で勉強し、山川さんのところへいって編集をやっていた。ドイツ語もひじょうにうまかったですよ。

その『社会主義研究』を古本屋で二、三冊買って読んで、それをとろう（定期的に講読しよう）と思って大阪の本屋を探して歩いたけれど、ふつうの本屋になかなか売っていないのです。かなりあちこち探し歩いて、朝日新聞社の近所の本屋で弁護士なんかに本をおさめる法政書房というところでも聞いてみると、ありませんと言われた。

そうすると、そこにいたお客さんで、金ぶちの眼鏡をかけた風采のいい人が、「その雑誌、あんたが読むんですか」と聞くんです。もっとのちになったら、こいつスパイでないかと警戒するのですが、子どもで正直ですから、私が読むんです、いろんなところを探しているがないんで往生している、と言った。そうすると、「それは、ふつうの本屋にはないかもしれません。私のところにあるから、あんたが読むのなら貸してあげます」と、なかば好奇心から言ってくれたんでしょう、「その雑誌の編集をやっているのが、友だちの西雅雄です。私のところへいらっしゃい」なんて言って連れていってくれたんです。

その道みち、いろんなことを話しながら歩いた。「本を読みたいが、なかなか手に入らないものがある。『共産党宣言』が秘密出版では出ているらしいんだけど、手に入らない。ゾンバルトの“Grundlagen und Kritik des Sozialismus”のなかに全文がのってるそうだけど」などと言うと、その人はびっくりしてね。私はそのことを、河上（肇）さんの雑誌『社会問題研究』に書いてあったので覚えていたのだが、子どもがドイツ語で、Grundlagen とか言ったのでびっくりしたんですね。ますます好奇心をもったらしく、家にあげられ、お菓子などを出してくれて、「これ、欲しいなら編集者に手紙を出して送らせてあげよう」と西雅雄に手紙を出してくれたので、それからはただで送ってもらうようになったのです。

この人は、水谷長三郎（一八九七〜一九六〇。大正・昭和期の社会運動家・政治家）と同級生くらいの、河上さん（河上肇、一八七九〜一九四六、京都帝国大学教授の経済学者で社会主義の研究者）のいわば弟子のような人で、ひじょうに河上さんと親しいんです。で、のちに河上さんに手紙を出して、天才現わる、というようなことを書いてくれた。河上さんには一種の労働者崇拝みたいなのが強かったので、びっくりしたでしょう。私は本屋の小僧だったからタイトルくらいはすぐ出てきたんだ。そんなわけで、雑誌は直接送ってもらっていた。

まもなく震災です。それから雑誌の名も『マルクス主義』に変わりましたが、それもずっと送ってくれました。（『社会主義運動半生記』四三〜四五ページ）

一九二三年からは足袋工場をやめて、「自由法律相談所」に勤めることになる。労働運動や農民運動など、とりわけ小作争議から持ち込まれる農民や労働者の階級的利益をめぐる事件などを引き受けていた左翼の拠点のような弁護士事務所である。その法律事務所では小岩井浄弁護士（一八九七〜一九五九、大正・昭和期の社会運動家）が中心になって活動していた。

この法律事務所時代、山辺は「ずいぶん勉強した」（『社会主義運動半生記』九三ページ）。英語の『インプレコール』などをはじめ内外の社会主義文献を日常的に読んでいた。

また、細迫兼光《ほそさこかねみつ》（一八九六〜一九七二、昭和期の社会運動家・政治家）や布施辰治《ふせたつじ》（一八八〇〜一九五三、大正・昭和期の弁護士・社会運動家）など左翼の弁護士や河上肇など研究者との行き来もあった。

天皇制の専制支配の下で、いたるところに官憲の眼が光っていた日本社会のなかであったが、山辺健太郎はこうして一九二〇年代から、日本で読める社会主義的文献は、読むことが可能なものはたいてい読んでいたと思われる。

したがって予防拘禁所で金天海に出会って金天海の体験をまじえた朝鮮問題の話を聞いて、それが日本の資本主義のなかでどういう意味を持つのか、山辺が読んできた日本の社会主義文献での朝鮮問題の扱われ方がきわめて弱いことにも思いが及んだにちがいない。

おそらく予防拘禁所のなかで、金天海に付き添って病気の回復に努めるとともに、くりかえし日本帝国主義下の朝鮮問題について議論したものと思われる。

金天海って、どんな人？

ところで、「金天海」というのは、どんな人なのか。

金天海については、樋口雄一の『金天海　在日朝鮮人社会運動家の生涯』（社会評論社、二〇一四年）がある。金天海について唯一のまとまった貴重な伝記である。

金天海（キムチョンへ、本名は金鶴儀）は慶尚南道蔚山《ウルサン》（現在の蔚山特別市）の人である。一八九八年四月生まれ、父は貧しい魚商人、半農半漁業。日本による「韓国併合」は一三歳の時、日清戦争のあと、日露戦争、そして「併合」と、祖国の国権衰亡の時期に少年時代を送る。二三歳の時（一九二二年）日本に渡り、「在日朝鮮人」の窮状、とくに渡日の翌年、一九二三年の関東大震災のとき「鮮人狩り」（朝鮮人虐殺）の現場をみて憤激し、社会運動の道に飛び込む。

樋口雄一は、金天海の日本での「運動の精神は在日朝鮮人の生活の諸問題の解決、民族差別にたいする抵抗にあった。在日朝鮮人の現実の生活課題から運動を出発させている」とのべている（前掲書、まえがき）。

以後、日本の官憲によるたえまない圧迫、逮捕、拘束があった。一九二二年の来日から一九四五年の解放まで二三年間のうち、自由だったのはわずか七年間に過ぎなかった（樋口、前掲書、八九～九〇ページ）にもかかわらず、在日朝鮮人の間に大きな人望があったのは、金天海が理屈からではなく在日朝鮮人の現実から出発する社会運動家であったからである。

金天海については予防拘禁所で一緒だった今村英雄（青森県出身、日本農民組合活動家、日本共産党員、一九二九年、三七年と二度にわたり検挙され投獄）の証言もある。今村は「忘れ得ぬ人々」のトップに「金天海大人のこと」を挙げている。その全文を紹介する。

金天海大人のこと　今村英雄

予防拘禁所に収容された在日朝鮮人活動家の総数は五名であった。これらの人たちのうち、丁岩右、李白春、金旭日（日本名、金村耕作）、宋太玉など四名の諸君につづいて、金天海が収容された。天海というのはペンネームで、本名は鶴儀という。

彼は刑務所からの直行組（刑務所で刑期が終わったにもかかわらず、そのまま予防拘禁所に収容された）の一人だが、健康をひどくそこない、歩くことができない状態だった。彼は職員に担がれて独房に入れられた。幸いなことに、近くの独房に山辺健太郎がいた。山辺は骨身惜しまずに、天海大人が歩けるようになるまで大小便の用をたすことをはじめ、身のまわりの世話をした。

金天海大人は長身で、朝鮮の貴族出身ではないかと思わせる立派な風貌をしていたが、在日朝鮮人労働運動の指導者で、仲間からは深く尊敬され、慕われていた人物である。悠々としていて実に戦闘的なのである。何か道理にあわないことがあると、直ちに役人に抗議し、一歩も退かなかった。

独居者には時折、幹部職員が訪ねてきた。心境について、さぐりをいれるためだ。金大人はそれをつかまえては訓戒を与えるのであった。訓戒をである。どこから見てもまるで先生が生徒に教えているような光景であった。

「日本の歴史のなかで、真理のために身命を惜しまない学者があったか。朝鮮では帝王の前で首を刎ねるといわれても自説を曲げないで、命を奪われた学者がたくさんいた。いまの日本では帝王の御用をつとめるのが学者の役目であるようだ。君たちは、そんな学問しかしていないのだ。恥しいと思わないか」

と言うのであった。

この場合、彼が言う学者とは、愚にもつかぬ日本精神や八紘一宇の偽哲学や政治、経済、法律論などをふりまわす手合のことを言っているのである。

金大人は、唯物論哲学者戸坂潤が刑務所にいれられていること、その他多くのマルクス主義経済学者、法律学者が教職を追われたり、執筆禁止処分をうけていることは知っていた。だから、彼はこれらの人々をゴッチャにしていっているのではない。ちかごろの「大学出」の職員だということを鼻にかけて訓戒めかしいことをいうなと、若い幹部職員をいましめたわけである。

「朝鮮は日本の領土」という論理は、拘禁所の役人には通っても金大人には通らなかった。金大人が民族的誇りの高い人であったことについて、もう一つ物語がある。戦局もどんづまりまできた昭和十九年十二月、朝鮮総督府は、朝鮮人の姓名を「創氏改名」の名目で全部日本風の氏名に代えようとした。

この通達は獄中にいる金大人のところにも来た。見ると、大人の氏名は「朝海英雄」となっている。激怒した金大人が司法大臣にあてて猛烈な抗議文を出したことはいうまでもない。(豊多摩(中野)刑務所を社会運動史的に記録する会編『獄中の昭和史——豊多摩刑務所——』、青木書店、一九八六年、二三〇〜二三二ページ)

金天海は、日本の敗戦後、一九四五年一〇月一〇日、予防拘禁所から山辺健太郎らとともに解放され、再建された日本共産党の最高幹部の一人として再出発する。一九四五年一一月八日に開かれた日本共産党の全国協議会では六人の執行部の一人として選ばれている（和田春樹『これだけは知っておきたい日本と朝鮮の一〇〇年史』、平凡社新書、二〇一〇年、一五七ページ）。そして在日朝鮮人連盟を中心に、連行された朝鮮人の帰還運動や在日朝鮮人の民族教育運動に力を注ぎ「在日コリアンの輝ける星」となった。

一九四九年、朝鮮民主主義人民共和国へ渡り、朝鮮労働党に入党、最高人民会議の代議員、祖国統一民主主義戦線の議長に就任したが、その後の消息は定かではない。

山辺健太郎は金天海からなにを学んだのか

私は山辺健太郎と金天海との交流については前記の『社会主義運動半生記』の記事以上に書くことはできないが、しかし在日朝鮮人労働運動の中心で活動していた金天海の活動時期はおもに一九二〇年代であることから、山辺と金天海の会話について、いろいろ想像することはできる。

一九二〇年代は在日朝鮮人の数が急増する時期である。朝鮮人の日本での在住人口は、「韓国併合」の一九一〇年には二六〇〇人、一九二〇年の時点でも四万七五五人だったが、一〇年後の一九三〇年には四一万九〇〇九人と一〇倍になっていた（水野直樹・文京洙『在日朝鮮人　歴史と現在』岩波新書、二〇一五年）。

この日本に来る朝鮮人が急増するなかで金天海は在日朝鮮人の間で活動していたのである。一九二〇年代は、一九一九年の三・一独立運動の後、日本の植民地支配が一九一〇年代の軍事力むき出しの憲兵政治から「文化政治」にかわったと宣伝された時代である。しかし、一九一八年の日本の米騒動――それは日本の食糧危機のあらわれであったが――それを日本帝国は植民地からの米の収奪で打開しようとした。そのために朝鮮では「産米増殖計画」が一九二〇年から実施される。

この計画のもと、朝鮮人地主や農民は、新設された水利組合費などを徴集されることになり、それを朝鮮農民は「水税」と呼んだ。しかもとれた米は安く買いたたかれる一方だったため、落ちぶれていく農民が続出する結果となった。朝鮮半島、とくに南半部の農民が、生きる道を求めて朝鮮海峡を渡って来たのである。

こうした実情を、山辺は金天海から聞いていたに違いない。拘束者に多くの制約のあった予防拘禁所ではあったが、病身の金天海を助けるために「雑役」を買って出た山辺には、金天海から朝鮮の事情、朝鮮人の置かれている状態を聞き取る時間は相当あったはずである。

また、その朝鮮の情況は、山辺が一九二〇年代から活動していた社会運動のなかで見てきた日本の小作農民の実情とも深く関わって、日本資本主義と朝鮮問題の有機的な関連にも話は及んだこともあったと想像される。

ここでちょっと、明治から昭和の敗戦までの日本の農業での支配的な生産関係である寄生地主制の問題について話しておこう。この時期、日本の農村で地主は耕地を小作人に貸しつけ、高率の現物（米）小作料を取り立てていた。そして地主は、小作米を売った代価を、株式などに投資していた。農業には資金を投じなかったのである。小作農は農作業のほかに家計補充的な低賃金労働の収入により、高率な小作料の負担に耐えて生活するというのが一般的な状態であった。

日本農業の寄生地主制は、こうして日本の資本主義と構造的に相い補う関係にあった。また農村での地主と小作農民の従属関係は天皇を頂点とする日本社会の支配と服従の社会構造の根幹にもなっていた。

だから、寄生地主制のもと日本の米穀生産は食糧問題のネックになっていて、自然的な人口増、とくに増大する都市人口に十分に必要な米穀生産ができなかった。その結果、起こったのが米騒動であった。米騒動の背景には、明治以後の日本資本主義のこうした社会的経済的構造があったのである。

日本が一九四五年の敗戦によって、朝鮮や台湾という植民地を失ったため、植民地から米を収奪することができなくなった。そのときはじめて寄生地主制を解体して、小作農民の自作農化がはかられる農地改革が行なわれた。

先述の一九二〇年の産米増殖計画は、まさに植民地の犠牲で日本の食糧危機を打開することをめざしたものであった。と同時に、天皇の支配する日本の絶対専制支配の社会的な基礎になっていた寄生地主制は温存する、そういう日本帝国の内外政策の有力な一環だったのである。

したがって、朝鮮の農民と日本の小作農は客観的にはその階級的利害は共通していた。しかし、日本では、朝鮮人と日本の労働者・農民との階級的連帯の可能性はことごとくつみ取られ、逆に民族的対立が煽られた。一九二三年の関東大震災のさなかに官憲側から流されたデマをきっかけに引き起こされた朝鮮人虐殺にはこうした社会的な背景があり、またこの事件を利用して日・朝人民の階級的連帯はいっそう困難にされていくことになる。

このように朝鮮人労働者や朝鮮農民の現実と、日本人労働者や日本の小作農民との現実は、有機的に関わっている。にもかかわらず、あたかも両者は対立する敵《かたき》どうしであるかのような操作が社会的・思想的に日常不断に行なわれる日本の現実。

——こういう近代日本と朝鮮の構造的な問題、それを解明しないと日本人民の解放もない、そういう思いが、山辺と金天海の会話にものぼっていたにちがいないと私は思う。

一九四五年、大日本帝国は大敗北し、山辺健太郎も金天海も、敗戦後の日本で活躍することになる。

山辺健太郎による日本帝国の朝鮮侵略史研究

山辺健太郎は敗戦から二一年たった一九六六年二月、岩波新書の一冊として『日韓併合小史』を出版した。この本は、第Ⅰ章で森山茂徳の研究史上の評価を紹介したが、「一八七六年（明治九年）朝鮮が日本とのあいだに、いわゆる江華島条約を結んで開国してから、一九一〇年（明治四三年）日本によって併合されるまでの歴史を書いたもの」（山辺のまえがき）である。

現在から見れば不十分なところもあるが、確実な史料による事実にもとづいて、近代日本が朝鮮を植民地として支配するまでの歴史を書いた、日本では明治以後はじめての書物であった。現在、三〇刷まで発行されていて長い生命力を保っている。

山辺がこの本の執筆を岩波書店から依頼されたのは刊行の一二年前、一九五四年だったという。山辺の日本帝国の植民地支配への関心は、日本の敗戦後、具体的な研究へと進んだ。とりわけ最大の植民地であった朝鮮への侵略の歴史の研究は、日本の侵略とそれに対する朝鮮人民の抗日闘争の論文としてまず公表された。

日本の在野の歴史学会として一九三三年以来、批判的な歴史研究の伝統をもっていた歴史学研究会の機関誌『歴史学研究』の「別冊　朝鮮史の諸問題」が、一九五三年六月に刊行された。そこに山辺は、「日本帝国主義の朝鮮侵略と朝鮮人民の反抗闘争」を書いている。ついで一九五五年六月には、雑誌『思想』（岩波書店）三七二、三七三号に「三・一運動とその現代的意義」を発表している。

こうした論文を発表するとともに、『日韓併合小史』に結実する史料調査と研究が十余年つづいた。その間に、従来の日本での朝鮮史研究がどういうものであったのか、これからの朝鮮史研究のあり方はどのようなものであるべきか、そういう日本における朝鮮史研究の過去の問題点を明らかにすると同時に、これからの課題はなにか——予防拘禁所で金天海と交わした会話、そこから山辺が約二〇年間勉強してきた成果をまとまった形で発表したのが、一九六六年九月、『思想』五〇七号に発表された「日本における朝鮮史研究——その歴史と課題——」である。

この論文は日本における歴史研究のなかで、朝鮮史研究がどのように行なわれてきたのか、その欠陥はどんなところにあるのか、また朝鮮史研究の問題が日本人の世界史認識とどう関わっているのか、そしてこれからの課題はなにか、などを総合的に考える上で、現在でも私たちに多くの示唆を与える論文である。

もちろん、発表から半世紀もたっている論文であるから、現在から見て不十分なところがあるのはいうまでもない。そのことも念頭におきながら読まれることを期待する。

まず、山辺のこの論文の全文を紹介する。（山辺が引用した史料などは、句読点を補って読みやす

くした。紹介の後で、中塚が若干の注釈を付け加えることにする。〕

日本における朝鮮史研究―その歴史と課題―

はじめに

日本で諸外国の歴史を研究するようになったのは、いうまでもなく、明治時代からであろう。明治から今日までの日本の大学を中心にした諸外国の歴史を研究する仕方には、ある特徴のあることがわかる。

その特徴というのは、いわば大国中心主義の歴史研究だったといえよう。たとえば、西洋史の研究といっても、イギリス、ドイツ、フランスの歴史を研究することが中心で、アメリカ合衆国やロシアの歴史を研究するようになったのは比較的あたらしいことである。おなじ西洋諸国のなかにはいるスウェーデン、ノルウェイ、デンマーク、オランダ、イタリア、スペイン等の歴史、それにアメリカ大陸ではカナダ、メキシコ、アルゼンチン、ブラジル等、中南米二十数カ国の歴史はあまり研究されていない。

東洋史はどうかというと、これは中国史の研究が中心で、東洋諸国のインド、インドネシア、ビルマ、カンボジア、ヴェトナム、タイ等の歴史もあまり研究はされなかった。そのほかヨーロッパからみて中近東諸国といわれる国々の歴史もあまり研究されていない。

ところが、現代の世界で、中南米諸国やアジア・アフリカ諸国が、国際政治のうえでひじょうに重大な役割を演じていることはだれも否定できない事実であろう。これらの国々にいまおこっている大きな変化や政治上の事件などを理解するためには、その歴史的な背景がわからなければならないわけだが、いまいったように、これらの国々の歴史が、わが国ではあまり研究されていなかったので、現代の要求に応えることができないような状態である。

つまり歴史の研究が、研究対象のうえからいうと大国中心主義であって、植民地従属国の歴史はほとんど研究されていない。世界的にいってただ二、三の例外は、植民地統治の参考にするために、植民地を支配する国々の学者が、植民地従属国の歴史を研究していたことであろう。植民地従属国の人民自身が、その国の歴史を研究したこともほとんどなかった。それは、それらの諸国の人民が、支配国の政治的抑圧をうけていたためと、文化的にも経済的にもあまり力がなかったためであろう。

中国のように古代からすぐれた文化をもち、その文化が近代までつづいた国では、昔からりっぱな歴史の本が書かれており、今日でもわれわれはそれを古典として学んでいる。そのような国でも、アヘン戦争以来列国の侵略をうけてからの歴史が書かれるのは、民族的自覚がたかまった一九一七年以後のことである。

朝鮮の歴史についてもこれと事情は似ている。朝鮮、とくに李朝時代の朝鮮には『李朝実録』をはじめとして、官庁記録はよくそろっている。李朝以前の歴史書では『高麗史』もあって、だいたい高麗以後の歴史はこれらの資料によって今日われわれも研究することができる。

それにもかかわらず戦前のわが国では、朝鮮史の研究はあまりすすんでいない。このことはとくに明治から大正の中期ごろ、つまり一九二〇年くらいまでがそうである。これも私のいう歴史の研究における大国主義と朝鮮蔑視の考えからきたものであろうが、なによりも日本人の朝鮮史研究にしてもやがてこれが朝鮮人に読まれ、朝鮮人の民族的自覚をうながすことを日本の支配者がなによりも恐れたためであろう。

戦後のイギリスで労働党内閣の時代に、『共産党宣言』が植民地では禁止されていた事実も、植民地人民の民族的自覚をイギリスの労働党政府がおそれたためである。

そうじて戦前の植民政策はいつも朝鮮をその対象として立てられたもので、その点は台湾がもともと清国の植民地であったのとちがい、朝鮮は古代からすぐれた文化をもち、日本文化の指導者であったから、こういうことを朝鮮の学童に教えたら、彼らに自尊心をうえつけ、やがてその民族的自覚をうながすことになるから、朝鮮の学校でも朝鮮の歴史や朝鮮語は、日本統治の時代には教えていない。

ただ朝鮮人のなかから、『梅泉野録』のような民族的自覚にたった朝鮮史が、ひそかに朝鮮の青年たちに読まれただけであるから、だいたい昭和のはじめころまでに朝鮮史の研究が朝鮮人のあいだにおこらなかったことは止むを得なかった。

併合前の朝鮮史研究と日本人の朝鮮観

併合前の朝鮮史の本では

一八九二年　朝鮮史全五巻　林泰輔
一八九六年　朝鮮王国　菊地謙譲
一九〇〇年　漢韓史談　大槻如電
一九〇五年　朝鮮史　久保得二（天随）
近代朝鮮史（上、下）　菊地謙譲
朝鮮　小田切万寿之助

くらいのものであろう、このうち菊池の『近代朝鮮史』は再版が一九四〇年にでているが、初版本がいま手もとにないから出版年代はちょっとわからない。小田切の『朝鮮』はたしか明治二四年ごろ自費出版したものであるが、東洋文庫にはある。これはなかなかいい本である。

朝鮮史研究の本はいたってすくないが、『朝鮮移住案内』、『渡韓のすゝめ』、『韓国殖民管見―如何にして日本の中小農を韓国に植付くべきか』、『韓国殖民策』といったような本はじつに多い。そしてこれらの本はたいていい日露戦争後にでたもので、それを読むとこのころ朝鮮はもう日本の植民地になっていたことがわかる。

そのなかにあって、志賀重昂の『大役小志』は、今日でも資料的価値のあるりっぱなもので、これが出版されたのは一九〇九年のことであるが、同書には日本人の朝鮮進出、とくに日本人の農場経営のことがそうとうくわしく紹介されている。

併合前に出版されたものではないが、併合までの日朝関係の根本資料は国会図書館の憲政資料室にあって人の利用をまっている。また日本の外務省が編纂した『日本外交文書』も朝鮮の開国から日本による併合までの日朝関係の資料をよくそろえている。

しかしなによりも重要なものは金正明編『日韓外交資料集成』（巌南堂発売）であろう。このなかには、「保護条約」締結から併合にいたるまでの資料で、『日本外交文書』にのっていないものがずいぶんある。ことにその第六巻には、「保護国」時代の韓国内閣の閣議記録が九七回まで完全にそろっている。残念なことは、これらの資料を使った研究がまだでていないことであろう。

これらの朝鮮史にかんする本や旅行記の類をみると、この時代の日本人の朝鮮観がよくでていて興味がある。明治のはじめ開国当時は、榎本武揚が寺島外務卿にあてた手紙にみられるように、「一体、朝鮮国は其地理上の位置とい丶、政理上の関繋《かんけい》とい丶、我邦より亜細亜近隣間に対する威権上に直感する事甚大なるを以て、好時機に乗じて我威福を彼に波及せしむるの緒を開くは、我邦『ポリシー』上の一要件にして、政家の宜く忽《ゆるがせ》にすべからざる者と存候。現下、我邦国、国務多端、倉廩《そうりん》不満なるを以て、実益の無き所は急に手を延さざるを要する者の如しと雖ども、実益と要務《ネセシチー》とは常に合并するを得がたき者にて、要務の有る所は時宜により単に実益上のみに着目するを得ざる事多し。朝鮮の我邦に於て経済上の実益は微少なるべしと雖ども、『ポリチカル』及『スタラテジカル』上の要務に至ては、現下世間の称する所謂権謀術数等をさて措き、其尚来に関する所実に浅鮮ならずとす」、というのが日本政府の朝鮮観であった。

しかし朝鮮を占領することは当時の清国との武力衝突なしに実現はできない。ところが清国にたいしては、一八八〇年（明治一三年）桂太郎の「支那遠征謀略」に示されたように、明治初年の「征韓論」とちがって武力の背景もでき、そうとう現実的な意見もでていた。したがって、日本の政府にとっては、この榎本の意見のようなものがその対朝鮮政策の根本になったが、同時に「中国遠征」ということも考えられはじめたといってよかろう。

この方針にしたがって当時の日本政府は国民世論の指導にあたっていたから、国民のあいだに朝鮮は未開野蛮の国であるという朝鮮蔑視の観念ができてしまったものであろう。これは日本が朝鮮を併合するまで、いや併合後もひきつづいて日本国民大多数の考えだったといっていい。

日本の朝鮮併合が日本人の朝鮮観におよぼした影響

一九一〇年（明治四三年）に日本が朝鮮を併合して後は、日本人の朝鮮人観が大きくかわったことがわかる。この変化というのは、もとは指導的な人物の朝鮮観にあらわれ、やがてそれが国民のあいだにひろまった、というべきであろう。

金沢庄三郎の『日韓両国語同系論』は併合のすぐあとで、東洋協会学術報告書にのったものであるが、この論文のなかで金沢は、日本の朝鮮併合を合理化して、だいたいつぎのような主旨のことをのべている。「今回の韓国併合は、『併合』ではなくいったん家をでていた子供が家にかえってきたようなものであって、その証拠に、日韓両国語は同系統の言語である」、といって、両国語のうちから語彙の類似したものをあげてその論旨を立証した。

「日韓両国語同系論」を最初にいいだしたのは、これよりずっと前、イギリス人のアストンで、その著書『日韓両国語の比較研究』においてであるが、この本も日韓両国語の近親関係を語彙の類似から説明している。金沢の説は、このアストン説によったものであろうが、これにいま述べたような政治的御用理論をくっつけている。また、このころは日本史家のうちにも、古事記の神話を附会して、主として日本古代史のうえから「日韓同祖論」ないしは「日韓民族同系論」というような「併合」合理化論をつくるものがあらわれた。

それにもう一つは、いろんな人物が「韓国併合」は自分の功績でもあるかのように自己宣伝をはじめたことである。今日でも一部の人に信じられているようだが、日清戦争当時、「天佑侠《てんゆうきょう》」なる日本人の一団が、「東学党の乱」をたすけてそれに参加したという説がある。この伝説のようなものをすこし吟味してみると、じつは次のようなことになる。

「天佑侠」が東学乱に参加したという話を最初に書いたのは、黒龍会の機関誌である『黒龍』に、明治三四年ごろ、吉州生という筆名で「韓山《かんざん》虎嘯《こしょう》録《ろく》」という講談のようなものが連載された。この物語にあることが全部うそだというわけではなく、この中に書いてあることに一部の事実はある。

すなわち、東学乱のおこったころ釜山にいた日本人の冒険主義者たちが、東学の真意や目的もわからずにこれに参加しようとした。この日本人の一団に九州の玄洋社系の者が合流して「天佑侠」を結成して東学乱を指導した、という物語をこしらえたのである。この物語を、明治三六年に清藤幸七郎が『天佑俠』という単行本にしてだしたのであるが、清藤はその出版の動機について、同書の序文で、「日露の風雲急を告げるいま、往時を思い天佑俠のことを世に知らせたいと思って本書を出版する」、という主旨のことを書いている。

それが「併合」後だいぶたってからでた『玄洋社史』では、この『天佑俠』に書いてあることを再録して、これを玄洋社の手柄話にかえている。そのてんまつをかいつまんでいうと、「日本の国威があがったのは日本が日清戦争に勝ったからだ。その日清戦争の原因は東学党の乱で、この東学党の乱を鎮圧するため清国が出兵したのは、東学党の乱に日本人が参加していることを清国が知って、事態の重大化をおそれ出兵した。つまり東学党の乱に参加した日本人すなわち玄洋社系の活動が日清戦争の原因である」、ということになろう。

東学乱のうごきは、その指導者であった全琫準《チョンボンジュン》がとらえられたときの口供書その他の資料によって、今日ではかなり明白になっているが、明治二七年の六月一一日には、いったん占領した全州を放棄し、全琫準は南原に潜伏していた。「天佑俠」の自らいうところによると、彼らが日本から釜山についたのは六月二七日のことである。この一事をみても、「天佑俠」の東学乱参加記がいかにでたらめかがわかるだろう。

この『天佑俠』や『玄洋社史』はまだいい方で、朝鮮を日本が併合してからのちに発表された、朝鮮で政治的な活動をしていた連中の回想記では、その著者たちが朝鮮でやった悪業を誇大にいいふらし、これを自慢する傾向がある。このいい例が閔妃事件であろう。

閔妃事件というのは、日清戦争後の三国干渉の結果、朝鮮における日本の威信がおちて、ロシアとむすぶ閔妃の一族が反日政策をとるようになったため、当時ソウルに駐屯していた日本守備隊が主力となり、これに熊本国権党系の大陸浪人が手先になって朝鮮の王宮におしいり、閔妃を殺した事件である。

この事件は、日本守備隊が主力となって王宮におしいり、ただ閔妃殺害は手先きに使われた大陸浪人がやったのであるが、この連中があとになって、この恥ずべき蛮行を自慢話にしはじめた。事件当時は広島で形式だけの裁判をやって、事件関係者を証拠不十分として無罪にしているので、もちろんその当時はこの事件を自分たちがやった、というようなことを自慢にはしていない。

これも「併合」後になって、主謀者であった当時のソウル駐在日本公使の三浦梧楼が、『観樹将軍回顧録』で自慢話をやり、事件直後にソウル駐在の外交団から抗議されたがこれを一蹴したようにいっている。ところが、この外交団のうちロシアの公使が抗議にきたとき居合せた内田定槌一等領事のいうところによると、はじめロシア公使のこない時には、三浦は内田にむかって、「これで朝鮮はいよいよ日本のものになった」といっておいて、ロシア公使の抗議にあうと、すっかりしょげかえっていたというのである。

そのほかこの事件に関係した大陸浪人たちも、「併合」後にいろいろ自慢話を書いている。戦前、貴族院にあった憲政史編纂会で、この事件に関係した安達謙蔵の談話速記をとっているが、この事件のところでは、「速記をやめて」と本人が注意している。おそらく公表をはばかるような兇行のてんまつを述べたものであろう。

さいきん本になったものでは、小早川秀雄の『閔后殂落事件』がある。この中で小早川は、王宮におしいるためにまず王宮を見渡せるところから彼が内部を偵察した、というようなことをいっているが、これも大うそで、事件の主謀者の計画では、王宮内にくわしい領事館警察の荻原秀次郎という警部が参加した。

また事件がおこってから「事変後既ニ数日ヲ経テ、日本人ノ之ニ関係セシコト隠レナキ事実ニ相成候ニモ拘ラス、尚当館ニ於テ公然取調ニ着手不致候テハ、外国人ニ対シテモ甚《はなは》ダ不体裁ニ付、十月十二日ニ至リ、先ツ警察官ヲシテ関係者ノ口供ヲ取ラシムルコトニ致候処、杉村書記官（これも事件の関係者で王宮に侵入した男である——山辺）ハ其意ヲ国友重章ニ伝ヘ、関係者甘ンシテ我警察ノ取調ヲ受クベキ者ノ姓名ヲ撰出セシメタルニ、別紙第五号及第六号写ノ通リ申出テ、尚取調ヲ受ケタル節ハ別紙第七号ノ通リ同一ノ中立ヲ致スヘキ様、彼等ノ間ニ申合ハセシメタリ」（内田領事の外務省あて報告であるが、外務省編『日本外交文書』にはこのところははぶいてある——山辺。引用史料には句読点を補った——中塚）

こうして自ら名のりでる者を十二名えらんでいるが、このなかには安達も小早川もはいっていない。小早川はいわば事件の馬の脚で、附和同行ぐらいのところであるが、この男が「併合」後になると兇行に参加して積極的に働いたことをプリントではあるが自費出版をしている。

またこのときの領事館警察の訊問では、兇行に参加した萩原警部が訊問調書をとっているだけでなく、この十二名の陳述もいま述べた第七号文書であらかじめ打合せた通り、十二名がそろって同じことをいっている。閔妃事件ではこんな事実はこれまで一つも紹介されず、いいかげんな駄法螺や自慢話だけが世につたわり、これが歴史家までも、まよわせているのである。

こんな例はまだまだ沢山あるが、日本が朝鮮を併合するまえに、朝鮮を日本の「保護国」にしたいわゆる保護条約を日本と朝鮮とのあいだでむすんだのだが、この条約は伊藤博文が朝鮮の国王を脅迫して強行されたものであった。

ところが、伊藤博文はこのてんまつを、明治天皇には、「韓国奉使記事摘要」という報告にしてだしているが、自身では条約締結の自慢話はふいちょうしていない。これも「併合」以後になって、保護条約締結のころソウル駐在の日本公使であった林権助は、『わが七十年を語る』という回想記のなかでは、伊藤博文が韓国駐箚《ちゅうさつ》軍をソウル市内に配置し、宮廷では伊藤が皇帝を脅迫したてんまつを、じつに生き生きとえがいている。私もはじめは例の如くこの話も林が法螺を吹いたものではないかと思っていたが、伊藤博文の前記『奉使記事』におなじことが書いてあるのを見た。

またこの条約が日本と朝鮮とのあいだの合意でむすばれたとしたら、ハーグでひらかれた万国平和会議に朝鮮の皇帝が密使をおくって、会議にうったえたという話が理解できない。

こういうことになったのも、林の回想記がずいぶんあとになって出版されたので、この林のいうことは、むしろ駄法螺としておいたほうが日本にとって都合がよかったことと、根本資料である伊藤博文の『奉使記事』が公表されていなかったためであろう。

そのためか伊藤博文は朝鮮の併合強行に反対であったとかいう、とんでもない俗説が一部歴史家のあいだに信じられていた。保護条約締結のほか、このハーグ密使事件を口実に朝鮮の皇帝を退位させたのも主として伊藤博文のやったことである。

「併合」のことでも、黒龍会の内田良平は自分が一進会を指導して、朝鮮の内部から「日韓合邦」を推進したようなことをいっているが、このごく少数の売国奴の集団である一進会が、いかに朝鮮人のあいだに人気がなかったかは、そのころソウルにいた朝鮮軍司令官の大久保春野大将から陸軍大臣の寺内あてにおくった秘密電報に「昨夜宇佐川榊原明石ヲ招キ一進会ノ救護及合邦問題ノ善後策ニ付攻究スルノ必要ヲ認メタリ〇即チ第一、京城ノ各新聞通信其他政客カ或関係ヨリ一進会ヲ攻撃シ或ハ合邦論ヲ冷評スル等○日本人間歩調乱レアルハ排日者ノ術中ニ陥レルモノナルヲ以テ○新聞輿論ヲ融和シ一進会ニ近カラシムルコト○之カ為ニ所要ノ費用ヲ与フルコト○第二ニハ李完用、中枢院議員及小官吏ノ一進会反対合邦論攻撃論ヲ抑エルコト是ナリ」（下略）、といっていることからも、一進会がいかに人気がなかったかがわかるだろう。

これまではこんな資料が知られておらず、黒龍会の『日韓合邦秘史』のようなものが歴史家に無批判に利用されたため、内田良平は「日韓対等の合邦」を主張した、というような話が世間に通用している。「併合」当時のあらゆる秘密資料をみても、内田の意見が日本政府に影響をあたえたような事実はまったくない。

『日韓合邦秘史』のように、当時の朝鮮併合を合理化するために、統監府の政治を攻撃したものはこのほか二、三あるが、日本の韓国支配そのものについては、いろんな口実でこれを美化したもの、あるいは、いわば自慢話のような回想記ばかりだといっていい。

日本による朝鮮併合後の朝鮮史研究

日本が朝鮮を併合してからのち朝鮮史の本はずいぶんでている。たとえば、釈尾東邦の『朝鮮併合史』これは戦前にでた朝鮮史の本としてはおそらく一番大部な本であろうが、徹頭徹尾日本の朝鮮併合を合理化したものである。同書の結論ともいうべき「朝鮮の将来」という最後の章では、「併合の本旨が内鮮を渾然たる一団と為し、内鮮人をして渾然たる一大国民団たらしめて内鮮人の区別を形式にも実質にも除去せんとせば、今少し大なる決心と覚悟を以て内鮮人の区別的取扱ひを撤廃する方針を取り、先づ内鮮人の学校を同一にし、内鮮人の結婚を奨励し、内鮮人の同居を奨励することに努め、鮮人としての特殊の言語風俗習慣をも漸次日本化して行くの大方針を取らざるべからず、而も其れには単に政治的干渉と官憲の干渉のみでは、其の目的を達し難し、此の目的に近づくには、何うしても、内地人をより多く朝鮮内に移住せしめ、鮮人と雑居する必要あり、況や朝鮮に於ける日本の地盤を堅固にするには、何よりも、内地人をより多く移し、民族的の力を此の土に普及するより急なるはなし」といっている。

こんな下らない本よりも朝鮮総督府が一九一七年（大正六年）の二月にだした『朝鮮ノ保護及併合』のほうがはるかにいい。これは釈尾東邦のものとくらべていいだけではなく、朝鮮併合史としても戦前にでた本のなかでは一番いいものだろうと私は思う。

この本の第一章第四節は「排日ノ騒擾」となっており、一九〇五年（明治三八年）日本が朝鮮とのあいだに、いわゆる「保護条約」をむすんだのち、この条約に反対する朝鮮人の反対運動を紹介したものである。この部分はそうとうくわしい。おなじ章の第八節と第九節は、「保護条約」をむすんだのち日本が韓国で実行した「対韓施政」についてひじょうにくわしくその内容を紹介したものであるが、へたな朝鮮史の研究書よりはるかにいい。おなじく第十節は、伊藤博文がハルピンで暗殺された事件について書いたものであるが、「遭難祝賀」の項では、「韓人等此次ノ兇行ヲ以テ壮挙ト為シ、暗ニ喜色アル中ニ就キ、最モ甚シキモノヲ例証スレハ、京畿道富平郡私立桂昌学校教監朴秉斌ナルモノ、十月二十七日始メテ兇報ヲ聞クヤ大ニ喜ヒ、当時病床ニ在リシ同僚、任章淳ナルモノニ告ケタルニ、任ハ病ヲ忘レテ蹶起シ、兇徒安（伊藤博文を暗殺した安重根―山辺）ヲ称揚措カス。朴、任、倶ニ同僚、趙龍培ナルモノヲ訪ヒ、其ノ宅ニ祝宴ヲ開催シテ邦人教師（竹末簾）ヲ招待シテ其ノ応セサルヤ、使价ヲ走スルコト再三、之カ列席ヲ促カセルカ如キ、或ハ同道通津郡奉城面公学校職員ハ十一月一日其ノ開校式ニ藉口シテ遭難ニ盃ヲ挙ケ、仁川羅馬加特力教ニ属スル韓人牧師等（李考鉉、金尚沃、林海観等）ハ、二十七日夜、信徒二十四名ト共ニ遭難祝賀会ヲ開キ、同教宣教師、仏国人「デヌー」ハ同教附属博文学校ニ於テ生徒ニ対シ、今回ノ狙撃事件ハ東亜ハ勿論欧洲各国ニ平和ヲ来スモノニシテ、韓国国運ノ為最モ喜フヘキ事件ナリ、速ニ加害者ノ無罪ト幸福トヲ天ニ祈ルヘシト告ケ、相共ニ祈祷セリト。又、黄海道海州邑東門外高昌周ナルモノノ家ニ同地ノ有力者多数集合シテ祝宴ヲ張リ、宴酣ニシテ一人（呂万燮）起チテ伊藤公ヲ暗殺シタルハ同胞ナリト聞ク、我カ国尚此ノ志アリト叫フヤ、一人（金得五）之ヲ和シテ曰ク、今回ノ事タル、之ヲ耳ニスル者、誰カ快哉ヲ唱ヘサラムヤ、然レトモ今ハ警察ノ在ルアリ、漫ニ口外シテ累ヲ蒙ムル勿レト。後列席者皆口ヲ噤シテ黙然タリ。其ノ他平安南道平壌ニ於テハ十一月四日、国葬式当日李殷升ナルモノ日韓国旗ヲ門間ニ掲ケテ弔意ヲ表シタルニ、隣家美以教ニ属スル耶蘇書肆太極書館ヨリ同数ノ有力者、安泰国等出テ来リテ李ヲ詰リテ曰ク、伊藤公ノ葬儀ニ韓国国旗ヲ掲クル要アルヤ、思フニ、汝ハ国家観念ナキノ徒ナリト罵リ、平安北道義州方面ニ於テ韓民一般ニ伊藤公ノ遭難ハ韓国独立ニ利益スルコト多大ニシテ、兇行者ハ実ニ忠君ニシテ愛国ノ烈士ナリト称揚シタリト伝フ。之カ類例ニ至リテハ枚挙ニ遑アラス、実ニ内心歓喜極マリテ言動ニ顕レタルモノ耶」（引用史料は原本『朝鮮ノ保護及併合』と照合し、句読点をおぎなった――中塚）、これまでにでたどんな朝鮮史にも書いてない事実がでている。

またこの反対に、一進会の尹大燮が、「大韓国十三道地方民衆代表人」の名で発表した桂太郎首相にだした謝罪決議の全文を紹介して、「此ノ事タルヤ名ハ時宜ニ適シテ而モ大ナリト雖、各道郡代表者ノ此ノ趣旨ヲ賛シテ京城ニ会スルモノ僅ニ六十余名、全国三百二十余郡ニ於テ其ノ五分ノ一ニ過キス、豈ニ之ヲ十三道地方民衆ノ意志ヲ代表セルモノト謂フヲ得ムヤ。偶以テ韓民ノ心事ヲ察スルニ足ルヘシ」と、これまたいままで朝鮮史家の紹介していない事実もでていた。

第十一節は、「保護条約」反対の在外朝鮮人の運動を紹介し、第二章「朝鮮ノ併合」ではその第一節が「一進会ノ合邦声明」となっているが、同時に国民の一進会反対のうごきもちゃんと紹介しており、この点でもこれまでの朝鮮史の本よりはるかにいい。

こうしてみると、これまでの朝鮮併合史は、曲筆して日本の朝鮮侵略を合理化したものであると、わたしのいったことがわかるだろう。

「併合」後の朝鮮史といっても総督府の朝鮮統治のことを書いたものは、さきにあげた釈尾東邦の御用歴史があるだけであるが、総督といっても初代の寺内正毅、二代目長谷川好道のことは多少の批判をしているが、三代目の総督斎藤実のいわゆる「文化政治」については、その本質を分析もせず、ただこれを礼讃するだけであった。

たとえば斎藤総督の「文化政治」の一翼となった地方自治というのも、その正体はつぎのようなものである。すなわち、各道の首都たとえば京城、仁川などを「府」とし、ここに府協議会という諮問機関をつくったほか、全道の「面」のうち日本人の多く住んでいる面を指定面として、ここにも面協議会をつくっただけである。

また「憲兵政治の廃止」といっても、憲兵そのものを廃止したのではなく、それまで憲兵が行政警察、衛生警察までやっていたのを、警察にやらせただけであった。したがって、これらの事務から憲兵が解放されたため、弾圧機構としての憲兵の数は相対的にはこれまでよりもふえたことになろう。

それだけではない。三・一運動の翌年にはこの憲兵の数もふやしているのだが、このことを証明する、当時の朝鮮軍司令官宇都宮太郎が、議会に出席していた斎藤実あての手紙を、姜徳相が編集した現代史資料第二五巻の『三・一運動』の月報中に私が紹介しておいた。その要旨は、「各種兵科のうちから憲兵志願者を募集して、これに憲兵教育をほどこし憲兵をとりあえず一五〇名増員したから治安については安心してもらいたい」ということである。

そのほか斎藤は朝鮮人を買収してこれをスパイとして使ったりしているが、これらのことはまだ世に紹介されてはいない。斎藤総督のこういうやり方が、寺内、長谷川両総督の武断政治にくらべて「文化政治」といわれるなら、斎藤自身がいうところよりも、事実をしらべて、はたしてこれが「文化政治」であったかどうかをしらべることが、今後の朝鮮史研究の課題となるであろう。

そのほか、斎藤のつぎの山梨総督、第二次斎藤総督、宇垣総督、南総督、小磯総督の各時代について、産米増殖計画、農村振興運動等個別の研究はさいきんあらわれはじめたが、これらの時代を全体としてとらえた研究はまだでていない。

これらの時代を通覧する資料としては、寺内総督から南総督時代までをあつかった、朝鮮総督府編の『施政三十年史』があるが、これをさきにあげた『朝鮮ノ保護及併合』にくらべると問題にならないほどつまらないもので、歴代総督の自画自讃集といってもいいものである。しかしこんなものでも、真剣な研究者にとっては、研究の目標をしめす資料としては有益であろう。

京城大学を中心にした朝鮮ならびに朝鮮史研究

一九二五年（大正一四年）五月二日京城帝国大学の官制が、翌年の六月八日には朝鮮史編修会官制が公布され、大学開設後しばらくして朝鮮内での朝鮮史研究がはじまった。

京城大学の法文学部教授たちの研究は、京城帝国大学『法学会論集』として刊行され、

一九二九年　朝鮮経済の研究
一九三三年　朝鮮社会経済史研究
一九三七年　朝鮮社会法制史研究
一九三八年　朝鮮経済の研究

という論文集となってあらわれたのであるが、これらの研究は、朝鮮の社会経済史研究としては相当の意義があったと私は思う。しかしながらこれらの研究は、京城帝国大学の報告という制約もあって、日本の植民地支配を無視していることが目につく。この点では、矢内原忠雄の『帝国主義下の台湾』にはおよばない。朝鮮の社会経済史の研究をやるなら、矢内原

のように、「帝国主義下の朝鮮」という見地からやらなければならないと思うのだが、この見地に立った研究は一つもない。

それだけでなく、右の論文集の最後のもの、すなわち一九三八年にでた「朝鮮経済の研究」では、鈴木武雄の「北鮮ルート論」のように、あきらかに日本の中国への帝国主義侵略を支持する立場にたった論文すらでている。この鈴木武雄は、一九四二年にだした『朝鮮の経済』という本では、「朝鮮は植民地ではない」と断言し、朝鮮は「アジア解放の主体であり決して解放せられることを必要とする客体ではない。……このことは、自らを敢へて被圧迫大衆とし、半島を日本帝国主義の植民地たることから解放することを以て半島大衆の幸福であると信ずる一部半島同胞に対する苦言であり、またそれと共に、何等の深い省察なくして、ただ漫然と朝鮮を植民地視して憚らない一部軽率なる内地人に対する忠言に他ならない」とまで極言してはばからないのである。

これらの社会経済史学と同時に、朝鮮人による朝鮮社会経済史研究として白南雲の、

一九三三年　朝鮮社会経済史

一九三七年　朝鮮封建社会経済史上巻

がある。おしいことに後者は上巻が李朝以前をあつかっただけで下巻はついにでなかった。

そのほかの朝鮮人の研究としては、印貞植が

一九三五年　朝鮮の農業機構

をだしている。この本は著者がマルクス主義を信奉していたころの産物で、その内容に多少公式的なところはあっても研究自体としてはりっぱなものであるが、彼はその後変節して、桐生一雄と日本流の名をもつようになってから書いた『朝鮮の農業地帯』という本はつまらない。この本は学問の研究においても、いかに研究者の節操というものが大事なものであるかということを示す見本といっていいだろう。

こういうものにくらべると、朝鮮総督府の小作官であった久間健一の『朝鮮農政の課題』という論文集のほうがどのくらいりっぱかわからない。この本は、久間健一が一九三〇年（昭和五年）朝鮮総督府の小作官補となってから一九四三年に京畿道農政課長になるまでの約一三年にわたって、自ら小作問題をとりあつかった経験にもとづいて朝鮮の農業問題を論じたものだが、全体四七二ページのすみずみにわたって農民の悲惨な状態をえがいている。

このためこの著書は発行と同時に発売禁止となり、著者の久間健一はあやうく起訴されるところを、京畿道農政課長を辞任することを条件として起訴をまぬがれたことは、戦後にでた久間の著書『朝鮮農業経営地帯の研究』の序文にのべているとおりである。

久間健一には、一九三五年にだした『朝鮮農業の近代的様相』というりっぱな著書のあることもあげておきたい。久間の著書のすぐれている点は、朝鮮の農業を植民地農業としてとらえ、朝鮮農業は地主の利益のために「監視と命令によつて行はれた開発であり、自発的なものの全く認められない外来的強制」であり、また「朝鮮農業の近代的開発は、祖国日本の国権主義的意識の下に、権力的に行はれ」、「官庁は時に地主、資本家に代って企業者的役割を権力的に行ひ、地主、資本家は時に官庁に代つて、または官庁的権力の背景の下に、強力的な触撃を農民に加へることによつて、企業者としての利益を確保したのである」と、じつに正確に規定している。

京城大学の教授たちのやった朝鮮社会経済史の研究には、このような見地が全然みられない。いっぽう京城大学の歴史学の教授たちのやった仕事は、朝鮮史編修会の編纂した三五巻の『朝鮮史』と関連した部分が多いようだ。この『朝鮮史』は、一八九四年（明治二七年）、つまり高宗三一年でおわっているから、まあボロはあまり出してはいない。

これは朝鮮総督府が朝鮮統治の資料としてやった官撰の歴史で、ただ編年体に歴史的事実をならべただけである。しかし、へたな史観で朝鮮史の叙述をやるよりもこの方がよっぽどいい。ただし、旗田巍もいうように、「一般読者には一寸利用のしようがないものである。しかし特殊の研究者にとっては、ある一定時期の諸事件の年代的関係を知る上で役立ち、さらに各記載事項の下に資料の出典が註示されていることは、資料を検索する上で非常に役立つ」ことはまちがいないものであろう。

京城大学の法文学部の教授で、この朝鮮史編修会の編修官であった田保橋潔には、有名な『近代日鮮関係の研究』のあることはよく知られているが、この本も著者の地位からくる制約があって、日本の朝鮮侵略のことは書いてはいないが実証的な研究としては、今日でもその価値を、うしなっていない。今後の朝鮮史研究は、この田保橋の著書の内在的批判から出発すべきだと私は思う。

おなじく京城大学教授の奥平武彦の『朝鮮開国交渉始末』(一九三五年)はつまらない本だ。『朝鮮開国交渉始末』とはいうが、主としてアメリカと朝鮮との開国交渉をあつかったもので、その内容は Pauling の論文 Opening of Korea (モリソン文庫にその別刷がある)とまったくおなじで、私は東洋文庫でポーリングの論文(のちにポーリングの初期のアメリカ外交と海軍の関係を論じた本のなかの一章となっており、これも東洋文庫にある)を見てじつに驚いた。この奥平という人は、この本を書くためにアメリカへ行き、国務省の記録を見たとは、同書の序文にあるとおりだがそれでいて、ポーリングを一歩も出ていない。奥平のこの本は、厳密な意味での「朝鮮開国」、つまり江華島事件を口実にした日本の武力による「朝鮮開国」の動機については、日本の軍艦雲揚が江華島附近を航行中に朝鮮の砲台から砲撃されたことから所謂江華島事件がおこった、というような大うそを書いている。

ところが、京城帝国大学のような官学でなく、主として朝鮮人を対象にした私立の普成専門学校研究年報の第三輯に発表された同校教授の渡辺勝義の「朝鮮開国外交史」では、この江華島事件が、日本の挑発によるものであることを、当時の利用できる範囲の資料によって論証しているが、こんな研究は京城帝国大学の報告であったらおそらくのせられなかったであろう。

以上のほか、京城大学の教授たちの書いた朝鮮史の概説書に

一九二七年　朝鮮史大系五冊　朝鮮史学会
一九三一年　朝鮮小史　小田省吾
一九三五年　朝鮮史の栞　今西　竜
一九三六年　朝鮮史のしるべ　末松保和
一九四〇年　朝鮮史概説　三品彰英

等がある。これらの本は『朝鮮史大系』をのぞき、もともと簡単な本ではあるが朝鮮の開国以後のことがまたきわめて簡単であった。旗田巍は「これらはどれも政治的事件の記述にかたより、現代の要求には副わず、また日本が朝鮮を支配していた時代に書かれたものであるから、朝鮮に対する日本の優越感が意識的・無意識にあらわれ、また事実を直筆できぬ部分が少なくなく、今日の目で見ると、当然に訂正されねばならぬ点が少くない」（岩波全書『朝鮮史』二五三〜二五四ページ）といっているが、私にいわせると、「事実を直筆でき」ないのな

ら歴史の本などは書かなければよいので、もし書くなら久間健一が歩いたような道を歩けばいいと思うがどうであろうか。学者が真理よりも国家権力に忠実で、真理をねじまげてまでも月給をもらうのはどうも理解しがたい。

戦後の朝鮮史研究

とにかく敗戦によって、占領軍の必要からではあろうが、ある程度「日本の民主化」がおこなわれ、朝鮮も南北分裂という事実はあっても日本からは独立した。そのため朝鮮内で朝鮮史の研究がはじめて自由におこなわれるようになったのであるが、ここでは日本国内の朝鮮史研究について書いてみよう。

この朝鮮史研究は、私はいちばんはじめに書いたように、大学の東洋史研究が、依然として中国史研究に偏し、朝鮮史の講座があるのは、東京都立大学と天理大学くらいだから、現在の朝鮮史研究はアカデミイとはほとんど関係がない。

みな野人がやっている。この連中が朝鮮史研究会というのを組織して関東、関西に会員をもっているが、みな若い馬力のある連中で、もうそれぞれすぐれた労作を発表している。しかしその大成は将来のことであろう。そしてこれらの研究は、戦前いろんな制約からできなかった朝鮮総督府統治下の朝鮮および朝鮮の民族解放運動の研究に重点のおかれていることは特筆大書すべきであろう。

この会員の労作には、姜徳相の現代史資料（みすず書房刊）の第六巻『関東大震災と朝鮮人』おなじく第二五巻の『三・一運動』、朴慶植の『朝鮮人強制連行の記録』（未来社刊）、中国柱『近代朝鮮外交史研究』等がある。前二書は資料、それもいままで見られなかった貴重な資料であって、この資料を見ずに朝鮮の民族運動は書けないであろう。

朴慶植の本は、資料でもあり研究でもある。これは主として太平洋戦争中に、日本の鉱山や工場で働かせるために奴隷狩りのようにして、朝鮮から朝鮮人を日本につれてきた記録で、おそらくアカデミイのなかからは生れてこないような研究である。

中国柱の本は、田保橋の『近代日鮮関係の研究』を批判的に発展させたもので、江華島事件が日本の挑発によるものであることをくわしく論じ、つぎにこの事件の結果としてむすばれた江華島条規付録と通商章程の成立事情をくわしく論じた点に特色があり、その論旨は正しい。ただこの本は田保橋の『近代日鮮関係の研究』とおなじく、日清開戦におわっているが、江華島事件からここまでをとってみても、田保橋のいえなかった点は論じてある。

以上の諸業績をみても、学問の研究にとって研究の自由がいかに重要なものであるかが、よくわかると思う。戦前の朝鮮史にはこの研究の自由はまったくなかった。矢内原忠雄には『帝国主義下の台湾』という本があったのに、『帝国主義下の朝鮮』という本がなかったことを私は不思議に思うが、これはつぎのような理由からであろう。朝鮮には台湾とくらべものにならないくらいの有力な民族解放運動があったので、この民族解放運動を刺激するような、朝鮮における日本の帝国主義政策を批判する研究発表は許されなかった。ただ例外は、発売禁止を覚悟のうえで刊行していた『産業労働時報』にときどき、朝鮮の民族解放運動や朝鮮の社会経済状態のするどい分析がのったことであるが、これも雑誌編集者の投獄という犠牲をはらってはじめてできたのであった。

いまはこういう障害だけはないし、またおまけに朝鮮史のうちでとくに日本の帝国主義的侵略にかんする資料もだんだん見られるようになったので、朝鮮史研究は今後の実現可能な課題となった、といえよう。

そしてこの朝鮮史研究がすすむにつれて、日本の植民地収奪の歴史もあきらかになり、日本資本主義の成立期に資本の本源的蓄積のために朝鮮のはたした役割が明らかになる。すでに中塚明が岩波講座『日本歴史』近代4の「日清戦争」中に指摘したように、日本の金本位制の成立はたんに日清戦争に日本が勝った結果として日本がとった清国からの賠償金だけでなく、当時日本の産金額の倍ちかく朝鮮からはいっていた金を考えずには理解できない。

野呂栄太郎の『日本資本主義発達史』の時代は、「日本資本主義の発達にとって植民地収奪がいかなる意義をもつか？」ということは政治上の理由で書けなかったが、今後はこの問題を論じなければ、日本資本主義発達史も書けないであろう。これが今後の朝鮮史研究の課題となろう。

以上は日本国内の朝鮮史研究とその課題について論じたが、さいきん見のがすことのできないのはアメリカで発表された朝鮮史研究である。この一例として、一九六〇年に出版された HIRARY CONROY, の *The Japanese Seizure of Korea* をあげよう。コンロイは「日本は長い年月をかけて、朝鮮に、満州に中国にその侵略の陰謀を企ててきたものである」という見解に反対し、「それは決して、着々と作られた劇のすじ書きではなく、（日本の政治におけるリアリズムとアイデアリズムとの）二つの力の葛藤の結果なのである、と。あらゆる可能な限りの資料に基づいて導き出されたとはこの本の書評をした東条君枝のいうところだが、こんなでたらめはない。コンロイの本の巻末にある彼が利用した資料のリストを見ても、国会図書館の憲政資料室の資料を利用したと評者のいっていることが大うそであることがわかる。陸奥宗光の『蹇々録』も憲政資料室にはその稿本とすこし内容のちがう版本が二つあるだけでなく、その英訳原稿まである。それだのにコンロイの本では、信夫清三郎の『陸奥外交』に引用されたものから孫引きをして使っている。もちろん陸奥文書なんか見てはいない。

このように根本資料を直接本人が読んだ形跡のまったくないことにはそれなりの理由がある。つまり結論がさきにできているからだ。いまのアメリカにとって、日本は自由主義国、民主主義国で、しかもその同盟国であるから、日本の民主主義伝統を草の根をわけても探そうとする。そこで日本の近代化論とかいう愚にもつかぬ議論もでてくるが、どうにも都合のよくないことは日本の帝国主義的侵略である。そこでこれを曲筆弁護しなければならないので、そのためには資料は必要としない。リアリズムだとか、アイデアリズムだとか、証明のできない理論模型を設定して、はじめから予定していた結論をひきだせばよい。

戦前のアメリカ人がやった朝鮮史研究には、今日では参考にすべきものがそうとうある。直接朝鮮問題だけをあつかったものではないが、TYLER DENNETT の *Roosevelt and the Russo-Japanese War* 一一二〜一一四ページに引用してある桂・タフト密約をはじめ、朝鮮関係の重要な記述がある。このデネットが、桂・タフト密約のことをはじめて論文で紹介したのは一九二四年であるが、その頃、この事実を朝鮮人に知られては都合がわるかったためか、その論文を収めた前記の本は輸入禁止であったと、この論文を紹介した『朝鮮機密通信』に書いてある。「併合」の少し前でおわっているが、HULBERT の *Passing of Korea* などは朝鮮通史としてもりっぱなものである。

日本の朝鮮にかんする記事が、「併合」前後でひじょうにちがっていることをはじめに書いたが、アメリカの朝鮮史研究は第二次大戦の前と後では、その性格がちがうようだ。近代朝鮮はいわば日本の侵略史であるから、日本の大陸政策を弁護するようでは、正しい朝鮮史は書けないであろう。

したがって、今後の朝鮮史研究はこの問題に焦点をあわせて研究することであろう。

ちょうど半世紀前、一九六六年の論文であるが、読者は読んでどんな感想をもっただろうか。「近代朝鮮はいわば日本の侵略史である」という山辺の主張は一面的であることは免れないが、しかし「日本の大陸政策を弁護するようでは、正しい朝鮮史は書けない」というのはその通りだと、私は今でもそう思っている。

山辺健太郎は、『日韓併合小史』（一九六六年二月）、『日本統治下の朝鮮』（一九七一年二月）を岩波新書として相次いで発表している。この『思想』の論文は、右の二著を書く際に山辺が調べたことを「日本における朝鮮史研究の歴史と課題」として、包括的に整理したものであった。

論文の中には、研究者の節操、学問の自由が、学問研究にどれほど大切か、をはじめ山辺健太郎一流の警句のような指摘が少なくない。今日、日本帝国主義の朝鮮侵略史はもちろん朝鮮史の研究を志す若者にとどまらず、ひろく学問研究にたずさわる者に多くの示唆をいまなお与える論文だと私は考えている。味読していただきたい。

III

日本ナショナリズムと朝鮮問題

戦後日本の朝鮮をめぐる政治的・思想的状況

こうした山辺健太郎の研究活動が当時の日本社会にどのような影響をあたえたのか。歴史研究を志す若い研究者にどうむかえられたか。当時の日本政府の韓国・朝鮮についての考え方とあわせて考えておこう。

山辺健太郎の『日韓併合小史』が出版されたのは、一九六五年に日韓基本条約などが締結された翌年であった。第二次世界大戦の敗戦後、日本と韓国・北朝鮮の関係で一つの画期をなした年であった。

日韓条約の締結は、日本が朝鮮という最大の植民地を手放して以後、その朝鮮に対する植民地支配を日本が歴史的にどのように総括するか、それが問われた大きな関門でもあった。

しかし、一九五一年一〇月、アメリカの勧めで、独立した韓国と日本の国交正常化問題などを議題に予備会談が開かれたが、それから日韓条約の成立までに一四年もかかった。こんなに長くかかったのは、主に日本側が朝鮮植民地支配について、謝罪しないばかりか妄言をしばしば繰り返したからであった。

日韓会談での日本代表の〝妄言〟のいくつかを思い起こしておこう。

「三六年間、日本が朝鮮を統治したことは、朝鮮人にとって有益であった」（一九五三年、第三次会談、久保田貫一郎代表）

「われわれは、三度起《た》って、三八度線を鴨緑江のそとにおしかえさねば、先祖にたいして申しわけない。これは日本外交の任務である」（一九五八年、第四次会談、澤田廉三代表）

「韓国をごらんなさい。山には木が一本もない。これは朝鮮が日本から離れてしまったからだ。もう二十年も日本とつき合っていたら、こんなことにはならなかっただろう。われわれの努力は戦争でだめになってしまったが、もう二十年間朝鮮をもっていたらよかった。台湾の場合は成功した例だが……。日本があやまれというのは勝手な言い分だ。日本は朝鮮に工業や家屋、山林などをみな置いてきた。創氏改名もよかった。これは朝鮮人を同化し、日本人と同じく扱うためにとられた措置であって、搾取とか圧迫とかいうものではない」（一九六五年、第七次会談、高杉晋一代表）

紆余曲折の後、一九六五年六月二二日、日本側の無償三億ドル、有償二億ドルの経済協力をもって日韓条約が調印されたが、その交渉の過程をふりかえって、当時、東亜日報の特派員であった権五琦が、次のように言っていた。

「過去がどうであったのかということをもっと知るべきだ。韓国の側からいえば、隣組との交渉というよりは歴史との交渉だ、という意味も加わって、非常に複雑な面がある。韓国内では、過去が誇張される面がないでもない。が、そのわりに日本側には過去は何もなかったというそぶりがある。歴史感覚が全然ない。これが最大の原因だと思う」（『朝日新聞』一九六五年六月二三日付）

しかしそうした韓国側の指摘などまったく無視するかのように、過去の日韓関係をどう見るかという日本政府の立場は、日韓基本条約の批准国会で、佐藤栄作総理大臣の言明に集中的、かつ公的に表明された。

「旧条約（一九〇五年の「保護条約」や一九一〇年の「韓国併合に関する条約」など）の問題に触れられましたが、これは私が申し上げるまでもなく、当時、大日本帝国と大韓帝国との間に条約が結ばれたのであります。……これは両者の完全な意思、平等の立場において

締結されたことは、私の申し上げるまでもございません」（国会での佐藤栄作総理大臣の言明、一九六五年一一月一九日）

総理みずからこう言明したように、日韓条約は朝鮮に対する日本の植民地支配について歴史的な認識と反省を抜きにして締結された。

敗戦後、日本政府が連合国の対日講和会議に備えて連合国側に意見をいう準備のために作った外務省条約局で起案された文書がある。一九五〇年五月末にできたこの記録は、総論に当たる「平和問題に関する基本的立場」をはじめ「安全保障（特に軍事基地）」、「平和条約の経済的意義」、「領土問題」、「天皇制問題」などについて系統的に論じている。そのなかから、朝鮮に関連する二つの箇所を紹介しておく。

一つは a.「平和条約の経済的意義（われらの立場）」のなかに「割譲地に関する経済的事項の処理」という項目があるが、そこでつぎのように述べられている。

日本は敗戦の結果、朝鮮、台湾、樺太、関東州、南洋群島などを放棄することになった。……（イ）先ず指摘したい点は、日本のこれらの地域に対する施設が決して世にいう植民地に対する搾取政治と目されるべきものでなかったことである。逆にこれらの地域は日本の領有となった当時はどれも最も未開発な地域であって、各地域の経済的、社会的、文化的の向上と近代化は専ら日本の貢献によるものであった。（後略）

また、b．「領土問題に対する基本的立場」では、つぎのように述べられていた。

日本と海外領土

カイロ宣言とヤルタ協定は、日本からはく奪される領土は日本が「盗取」し、または「暴力と貪欲」若しくは「背信的攻撃」によって略取したものであるようにいっておる。

われわれは台湾及び樺太の取得、朝鮮の併合または南洋群島の委任統治受諾に対しかような犯罪的非難を加えられることに対し反対せざるをえない。日本はそのどの場合にも当時の国際法及び慣行に厳に準拠して行動したのであって、日本の措置はすべての列国の承認するところであった。これら列国間においても同様な領土の移転は数世紀にわたって行なわれたところである。この辺の事情は平和会議がこれらの地域の譲渡を取り扱う際に念頭においていてほしい。

日本は朝鮮が独立させられ、台湾及び澎湖島が中国に回復されることに異存はない。それはこれらの地域が盗取されたものだからでなく、時代が変遷してわれわれはもはや住民の意志に反して領土をもとうとは思わないからである。（後略）

敗戦という事実をへて近代日本の歩んできた道を歴史的な事実にもとづいて再検討することなく、大日本帝国の時代と変わらない認識で、日本政府が対日平和条約を迎えたことを自ら語っている。日韓条約締結時においても、その考えは一貫していたのである。

このような時代状況のなかでの山辺健太郎の健闘

日本帝国の時代の朝鮮侵略、植民地支配への歴史的反省はもとより、事実にもとづいた歴史的評価をまったく受け付けない日本政府の政治的・思想的情況のなかで、山辺健太郎の『日韓併合小史』（一九六六年二月）が出て、また「日本における朝鮮史研究—その歴史と課題—」（『思想』論文、一九六六年九月号）が書かれたことを、私は山辺健太郎を日本の史学史の上で位置づけるとき忘れてはならないと思う。

山辺の中塚あて、一九六六年三月二日付ハガキによれば、『日韓併合小史』は、「出版と同時に三万部売切れ、余分の五千部もすぐ売れ、翌日再版しましたが、これも売り切れたらしく、いま三刷を印刷中」と書かれている。

社会的な反響の大きさを知ることができる。

山辺健太郎のこうした研究は、近代日本の政府や政治家、軍人の残した歴史的な史料にもとづいて、これから近代日本と朝鮮の関係について、新たに研究しようとしていた私たち若い研究者を大いに励ましたことはいうまでもない。

また、この『思想』の論文は朝鮮史研究の歴史と課題について述べたものであるが、ただそれにとどまらず、近代日本の歴史研究・歴史教育が、「大国中心主義」であったことを、論文冒頭で指摘していることが注目される。

第二次世界大戦の終結から七〇年たった現在、アジア・アフリカ・ラテンアメリカの諸国が世界史の上で果たしている役割は非常に大きくなっている。しかし、日本では、この山辺の指摘は現在でも十分に活かされているとはいえない。依然として大国主義的傾向は、歴史研究だけではなく、日本のマスコミにも共通するところであり、日本人の歴史認識の大きな弱点であることは現在も基本的に変わっていない。

山辺健太郎の論文集『日本の韓国併合』

日韓条約の締結をめぐる情況下で、山辺健太郎は『日韓併合小史』（岩波新書）を刊行するとともに、論文集『日本の韓国併合』を出版している（太平出版社、一九六六年九月三〇日）。これは通史である『日韓併合小史』を準備する過程で、個別に書かれた論文集である。山辺はこの論文集の出版にあたり、かなり長い「あとがき」を書いている。その冒頭部分で、山辺がなぜ朝鮮問題の研究を志したか、端的に述べているので、あらためて紹介しておきたい。

1　私は、もともと、日本の社会運動史の研究をやっていた。ところで、社会運動の歴史を研究するためには、その国の資本主義発達の歴史を研究しなければならないことはいうまでもない。

そこで私は、日本資本主義発達史の研究をやるようになって、これにかんするいろいろな本を読んだり、資料をみていくうちに、これまでの日本資本主義発達史の研究には重大な欠陥があることがわかった。

その欠陥というのは、日本が近隣の諸国を侵略して、台湾を領有し、満州を半植民地にし、サハリン（樺太）の南半部をロシアからとり、ついに朝鮮を併合してこれを日本の完全な植民地にしたことが、日本の資本主義の発達にどのような影響をおよぼしたのか、という点が、これまでの研究では無視されていることである。

そこで私は、この点をしらべるために、まず朝鮮の近代史をしらべることにした。つまり、日本がどのようにして朝鮮に侵入し、朝鮮の富源を手にいれたのか、またそれが日本の経済にどんな影響をおよぼしたのかを、研究することになった。

研究は、ようやくその一歩をふみだしただけである。さらに、朝鮮にたいする日本の経済的侵略と、それが朝鮮の社会にどんな影響をおよぼしたのか、という課題は、今後つづけて追究していく予定である。

2　本書には、朝鮮が日本の武力によって開国させられて、ついに日本に併呑させられるまでの歴史を書いた論文をあつめた。ここ十数年らい、主として『思想』『歴史学研究』『歴史評論』などに発表してきた論文に、新しい論文を加えておいた。

このため、政治史・外交史に偏したきらいはあるが、私は、朝鮮史では、まず日本の朝鮮侵略の事実をあきらかにすることが必要だと思う。本書が、政治史・外交史に偏しているのは、一つには、このような理由による。

そのために私がとくに力を注いだのは、これまでの朝鮮史研究で、あやまり伝えられたことの解明であった。これまでの日本人による朝鮮史の多くは、うそと俗説のうえにきずきあげられた、といっていい。私はまず、このうそと俗説をうちやぶることに力を注いだつもりである。

今回、『歴史家 山辺健太郎と現代』を出版するにあたり、論文集『日本の韓国併合』からは、山辺が近代日本における朝鮮問題研究の全般的な意義を説いているとと言ってよい、Ⅰの「征韓論と日本のナショナリズム　序論にかえて」の全文を紹介する。ほかの論文は表題だけの紹介にとどめた。

Ⅰ　征韓論と日本のナショナリズム　序論にかえて

ナショナリズムという言葉ほどあいまいなものはない。政府の失業統計にでてくる失業者の定義のようなもので、この定義の仕方によって失業者の数はふえたりへったりする。ナショナリズムの定義もそういったところがあるように思う。

試みに、『日本近代史辞典』の「国権論」という項目をひくと、明治初年の思想界で朝野

「いずれも日本の国権を確立し、弱肉強食の国際社会に独立の地位を保つことを目標としていた。一八七七（明治一〇）年ごろに自由民権運動が盛んとなり、朝野の対立が激化しても、この点に関するかぎり、朝野ともに同じような見解を示していた。ただ、民権論者にあっては、国権の主張が民権の主張と結びつき、むしろ後者を中心に考えられていたのは注目に値するが、民権運動の敗北とともに、民権思想から切り離された国権論が支配的となり……」とでている。

この国権論というのがナショナリズムに相当するように思う。そのほか民族独立と民族統一、民族主権確立の運動とこの指導理念のようなものをナショナリズムという人もあった。ところが、日本では民族独立や民族主権確立の運動は幕末のころすこし顔をだしたくらいで、明治になってからは、この国権論的な主張の方が多かった。もっとはっきりいえば侵略主義で、明治以来今日まで日本の対外関係のなかで唱えられた大アジア主義にしても大東亜共栄圏の思想にしても、みな日本の侵略主義の別名であったことは、事実が証明している。

それで私は、日本の侵略主義と朝鮮問題について論じたいと思う。このことで問題になるのはいわゆる征韓論である。

征韓論というそうとう大きな議論が一八七三（明治六）年前後から日本政府内にあったことはまちがいないが、征韓をめぐる内閣内の意見のちがいは、当時の閣議記録を見た人がだれもいないので、正確なことはわからない、といった方がいいと思う。だいたい征韓というような封建的な領土拡張主義の考えは、当時の閣員はもちろんのこと、失業士族の大部分がもっていた。

一八七一（明治四）年に廃藩置県が行なわれて、旧幕府以来の藩がなくなって、中央集権的な明治政府の府県となり、藩主のかわりに政府任命の知事がおかれた。

翌七二年の一二月には徴兵令が公布され、世襲の職業軍人ともいうべき武士の大部分は失業したわけであるが、これら二つの改革で職をうしなった藩士は約六〇万、家族をいれると三〇〇万人にもおよんだといわれている。この藩士たちは、農業もやれず商工業をやるにしても資本がなく、ただ売り食いの生活をつづけていた。

この連中がいわゆる不平士族で、対外戦争をまちのぞんでいたことはいうまでもない。当時の日本では、この士族たちが国民中の知識階級であり、したがって世論の指導者であった。したがって、この士族たちの考えが国民に影響をあたえたものである。

征韓論にしても、征韓そのものについては政府の中で意見の対立はなかった。ただ征韓の時機についての意見のちがいはあったらしい。ここから、内治派とか征韓派とかいう対立ができたのである。ただ時機の問題だけでこんなひどい対立ができるはずはないので、対立の根は、近代的軍隊の編制とか地租改正とかいった内政問題だったと私は思う。

しかし征韓ということは不平士族等の心をとらえ、これがだんだん国民の心をとらえたものである。こうして征韓論というのが形成された。このようにして「征韓論が喧しく主張されるにいたるや、ここに俄かに色めきたつにいたったのが実は士族下層のひとびとであった。彼らは前述のごとく版籍奉還、廃藩置県を経ることによって永年その有し来った由緒ある地位を喪失したことを甚だしく不満とし、又上記のごとき身分上の差別の単純化を深く憤り、更に又徴兵令の発布によって武事の独占者としての伝統的誇りを奪ひ取られたことを悲憤し、しかも、後述のごとく彼らの極めて多数のものは経済的窮乏へと陥りつつあったが故に、かかる彼らは明治新政府の成立以後時とともに非なるその運命に対して悶々の情堪へ忍び難きものがあった。それ故に今このように征韓論がしきりに唱えられ出すにいたるや、彼らは韓国との戦争がその暗き運命の前途に何らかの光明を点じて打開の途がそこにひらかるべきことを激しく期待して、この征韓論を支持するありさまとなった」という、岡義武の主張は正しい。

朝鮮問題にかんするかぎり、日本のナショナリズムは、時代によって形はちがっても、本質はいつも「征韓論」であった。

武力による征韓は、朝鮮の宗主国としての清国のことを考えるならば、当時の日本の実力ではとうていできなかった。日本はまだ外征できるだけの武力はもっていなかったのである。

したがって当時の閣員中の征韓派がほんとうに征韓を考えているとしたら、この連中は低脳児にひとしい。彼らはほんとうに征韓を考えたのではなく、政府にたいする難題をもちだしただけだと私は思う。

征韓論の主張がやぶれて内閣を去った板垣、副島等が下野してのち政府に要求したのは、民選議院設立の建白であった。しかし民選議院の設立を要求する思想と征韓というような侵略主義の思想がどうして結びつくのであろうか？　まことに不思議である。

ここに日本ナショナリズムの特徴がある。日本では、ナショナリズムはいつも侵略主義と結合していた。

征韓論に反対した大久保利通にしても、一八七四（明治七）年には、台湾遠征をやっている。この台湾遠征は、「小なる征韓」の実行にほかならない。つまり台湾遠征によって不平士族の気分転換を、政府のいわゆる内治派という反征韓派がはかったわけである。

そのつぎの征韓が江華島事件で、これも日本政府の内治派がやった。これは、牛荘までの航路測量の命をうけた日本の軍艦雲揚が釜山をへて江華島の沖にきたとき、艦中の淡水がたりなくなり、水をもとめる艦載のボートをおろして漢江（漢江の支流、塩《ヨム》河《ハ》——中塚）をさかのぼろうとしたとき、江華島の砲台から砲撃されたので、ただちに応戦してこの砲台を破壊して江華島を占領した事件であった。

しかし、今日わかっている資料からいっても、この淡水欠乏というのは全然でたらめで、この事件はまったく日本側の計画的な挑発行為である。『自由党史』のなかでは、板垣退助は、はじめから雲揚艦の派遣に反対していたようなことを書いているが、これも実は大うそで、板垣は、この挑発的な軍艦派遣のことを政府の一員として知っていたという証拠もある。この事件も、征韓論がおこったころは征韓については政府内に意見のちがいのなかった証拠といえるだろう。こうしてはじめから計画的に朝鮮の砲台が砲撃するような事件を挑発しておいて、この事件の交渉で、とうとう朝鮮を開国させたのである。

このころは、まだ全国的な世論は形成されていなかったが、政府のやったことに反対するものはいなかった。事件の真相がわかったのはだいぶあとのことで、たとえば徳富蘇峰の書いた『公爵山県有朋伝』には、「この時の雲揚艦々長の井上良馨はかねてから征韓派であって、航路測量というのは単なる名目で、じつは海軍首脳とひそかに黙契するところがあったのだ」という主旨のことを書いて、この事件は日本が挑発したことをみとめている。しかし当時は政府発表の方が一般に信じられていたため、世間の「朝鮮討つべし」の声はたかく、政府の不正手段は全面的に支持されていた。

これからのち、朝鮮問題については全体の傾向として、政府の意見よりも、民間の意見のほうがいつも強硬であった。しかし今日わかっている資料によると、そのころから政府は着々と軍備をととのえ、大陸侵略の遠大な志をたてていたことがわかる。桂太郎は日本の軍制確立のためドイツに留学しているが、この桂は、一八八〇（明治一三）年に支那遠征謀略という意見書を陸軍卿あてにだしており、このころから日本軍隊は大陸遠征を目ざしていた。

大陸遠征の目標をもったといっても、後年のように、直接中国大陸へ侵入する考えは当時なかったらしく、またその力もなかったらしい。たとえば、一八八〇（明治一三）年に山県有朋と西郷従道とが連名でだした意見書によると、海軍が参謀本部をもつことに反対し、海軍は従であって戦争の主体は陸軍であるべきだと力説している。このことも、当時の日本軍閥が直接中国を侵略する意志のなかった証拠といえよう。

当時は清国の方が日本よりも軍艦の数も多く、武力で日本が清国に勝てるとはだれも思っていなかった。そんな時代に日本が朝鮮に侵出しようとしたのは、清国の朝鮮にたいする宗主権が名目的なもののように日本には見えていたためである。

しかし清国はまもなくその朝鮮政策をかえて、宗主権行使にのりだすことになった。そのきっかけは、いわゆる壬午軍乱であろう。

壬午軍乱というのは、一八八二（明治一五）年におこった軍隊反乱であるが、これを大院君が扇動して反閔（宮廷で勢力を振るっていた王后閔氏の一族に反対する──中塚）、反日の暴動にしたものであった。この事件のまえから日本は朝鮮の軍事改革を指導するため教官をおくったりしているから、清国が日本の野心を注意しないはずはない。しかしこのことで日本に抗議するようなことはなかった。

しかし壬午の変で日本の公使が公使館の建物に放火して、仁川から日本にのがれ、やがて、日本がこの事件の交渉にのりだしてからは、清国はただちに朝鮮に出兵し、日本との妥協を朝鮮政府に命じ、その障害になる大院君を軍艦にのせて天津につれ帰り、これを軟禁してしまった。

この事件をきっかけに日本の朝鮮にたいする関心は異状にたかまり、壬午軍乱にかんする錦絵や、絵入りのパンフレット等がたくさんでている。日本は排外主義、朝鮮征伐論の一色でぬりつぶされた感じであった。この世論の形成と征韓をあおりたてたのは、いわゆる民権論者である。

朝鮮問題にかんして日本のナショナリストあるいは国権論者たちは、この時以来いつも政府の消極策を攻撃するようになった。しかし政府の消極策というのも、じつは表面上のことで、うらでは着々と清国を仮想敵とする軍備をととのえていた。

この時代に国権論者は武力によって朝鮮を征服せよとの意見であったが、福沢諭吉だけはすこしちがう。彼は、「日本人は隣国（朝鮮）に金を貸して先づ自家の事業を忙はしくして至当の報酬を取り、又従て其貸金元利の返済をうけるものなれば、一挙二様の利を占る者と言ふ可きなり。又或は右の如く資金を利用して、其金より生ずる直接の利益は之を論ぜざるも我国人をして地位を朝鮮国に得せしむるの利益は特に大なるものある可し」と書いているし、また朝鮮には大いに金を貸して、この金の抵当として朝鮮をとれ、といったようなことも書いている。

武力によらず朝鮮をとるという一点では、樽井藤吉の大東合邦論の主張とまったくおなじで、政治的ルンペンであった樽井の主張が空想的だったのにたいして、福沢の意見は、資本主義というよりも、むしろ金融的帝国主義の朝鮮侵略ともいうべきであろう。したがって、当時としては、樽井、福沢なぞの意見も日本ナショナリズムの動向に反対するものではなかった。こんなわけで、日本の朝鮮侵略は国内世論の支持激励はうけても、反対されるということはなかったといっていい。また、満州事変以後のように、政府が宣伝して世論の形成をはかる必要もなく、以後日本ナショナリズムというのは、侵略主義といってもいいくらいに変質してゆく。

同時に、清国の朝鮮にたいする宗主権のことが問題になり、このころから日本の世論は清国の干渉から朝鮮をきりはなし、日本が朝鮮を単独で支配するための「朝鮮独立論」あるいは「朝鮮改革論」といったようなものがあらわれる。これを皮相にみると、日本のナショナリズムが、朝鮮の近代化を支持したようにもみえる。

日本ナショナリズム美化のこのまちがった意見には、浅薄な歴史家の研究も大いにその責任を負わなければならない。たとえば一八八五（明治一八）年の自由党大阪事件にしても、これを「民間志士の朝鮮改革運動」といってその侵略計画をごま化してきた。

自由民権運動が弾圧されて、日本国内の民主主義運動がおとろえてからは、国権論すなわち侵略主義一本になったといっていい。この点は、はじめに引用した『日本近代史辞典』「国権論」の説明するとおりである。

この状態は日本による朝鮮併合までつづき、これからの日本は、中国侵略を目ざすようになった。この時代の思想的武器が「大アジア主義」であろう。

この「大アジア主義」は、いつもアジア解放論とむすびついているから、朝鮮問題でボロをだすのである。日本は朝鮮の植民地支配を強化しながら、アジアにあるイギリスの植民地だけの解放をさけぶ。これはちょうど、朝鮮を支配するために、朝鮮の清国からの独立をとなえた往年の日本の主張とまったくおなじものである。

この「大アジア主義」は、こんどの太平洋戦争中に極点にたっし、つぎのような主張となってあらわれた。

「日本の民族指導及び統治の理念はこの英米蘭の人種的優越に基く搾取的植民政策と異り、八紘為宇の大精神に基き原住民をして各能に応じ分に従ひその処を得しめ、進んで自然に中核たる日本の聖業を輔翼するやうに導き、かれらをして大東亜興隆の栄誉を相俱に享受せしめんとするにある。従つて英米蘭の如き民族的優越感や外形的権威によりその統治民族の優秀卓越を会得せしめんとする統治方式と異り、日本人は日本的道義感により英米蘭の愚民政策に対し積極的転換を行ひ、原住民をしてアジア的意識を覚醒し、東洋の道義的信頼を獲得し、日本に対する尊敬を捧げしめることが肝要である。かくして、日本民族の優秀性をかれらをして体得せしめることによつて、信頼と尊敬とをかち得べきである。

日本国家の武力の優秀卓越は大東亜戦争そのものにより、原住民に対して明確ならしめた。そうして、又、今後もこの戦勝によつて、日本に対する信頼と尊敬との意識を明確ならしめねばならぬ。

日本国家の優秀性を証明すべき窮極の道は、専ら戦勝にある。従つて、日本国家の優秀性を会得せしむべき大道は、区々たる宣撫や片々たる啓蒙の方策ではなく、帝国の戦力増強と作戦の遂行とに原住民を全面的に動員協力せしめ日本が勝つにある。従つて、現段階において日本の優秀性を会得せしむべき統治の方式は、全般的な各種施策の平均的推進ではない。統治地域の人と物とを挙げて重点的に戦力の増強に活用し、日本が戦争に完勝することこれ自体にある。そうして又、原住民が凡ゆる困難に堪へ犠牲を忍んで大東亜戦争を勝ち抜き、大東亜共栄圏を建設し、日本の完勝によつて自主的な民族向上を達成せしめることそれが現段階の民族指導の原理である」（平野義太郎著『民族政治の基本問題』二九〜三〇ページ）。

ここにはもう朝鮮問題は一つもない。朝鮮は完全に解放されたという幻想のうえに立った議論である。

「大アジア主義」を歴史的にみると、これは日露戦争後におこった日本ナショナリズムの一変型である。したがって日露戦争後日本が朝鮮を併合してしまってからは、朝鮮からさらにすすんで、アジア全体を侵略する思想的武器が大アジア主義だから、日本のナショナリズムでは朝鮮のことは問題にならなくなった。

ただ朝鮮のかわりに、全アジアが日本の侵略すべき対象となる。日本のナショナリズムは、大アジア主義となり、さらに「大東亜共栄圏」となって自ら崩壊したわけである。

征韓論以来の日本の侵略主義の発展がイデオロギー的に表現されたのは右のようなものだから、日露戦争後に、ナショナリズムのうえで朝鮮が問題にならなかったとしても、本質はおなじで、その歴史的規模がかわって大アジア主義となり、大東亜共栄圏となり、対象が朝鮮から全アジアの侵略に発展したものである。

山辺健太郎『日本の韓国併合』所収論文題目

羽仁五郎の推薦文

この山辺健太郎の『日本の韓国併合』には、羽仁五郎の推薦文を巻頭に載せている。

羽仁五郎（一九〇一〜八三）は、天皇専制の日本帝国、とりわけ一九三〇年代からの中国への侵略戦争の時代にも、節を曲げずに歴史研究をつづけ、知識人・学生に大きな影響をあたえた高名な歴史家である。群馬県桐生市の有力な織物業者、森家の五男として出生、一九二六年、羽仁説子（一九〇三〜八七）と結婚、羽仁姓となった。ドイツ留学の後、一九二七年、東京帝国大学文学部史学科を卒業後、マルクス主義者として活躍、一九三二年、野呂栄太郎とともに『日本資本主義発達史講座』刊行に尽力、服部之総らとならんで科学的な「明治維新史研究」に大きな貢献をした。

『明治維新』（『岩波講座日本歴史　第8〈最近世1〉』所収、一九三五年）、『ミケルアンヂェロ』（岩波新書、一九三九年）などは、太平洋戦争に至る暗い時代に、自由を求める知識人や学生に大きな感銘をあたえた。

治安維持法で検挙されたりもしたが、敗戦後は、一九四七年第一回の参議院議員選挙に当選、参議院図書館運営委員長として、国立国会図書館の創設に尽力した。

現在、東京の国会議事堂の隣にある国立国会図書館東京本館の二階、目録ホールの壁面に「真理がわれらを自由にする」と刻まれている。この言葉は国立国会図書館法の前文、「国立国会図書館は、真理がわれらを自由にするという確信に立って、憲法の誓約する日本の民主化と世界平和とに寄与することを使命として、ここに設立される」の一部である。国立国会図書館の設立理念ともいうべき言葉で、日本国憲法制定時の憲法担当国務大臣でもあった初代館長金森徳次郎の筆跡で刻まれている。

国立国会図書館法案が議決された一九四八（昭和二三）年二月四日の衆・参両議院本会議での説明で、羽仁五郎参議院図書館運営委員長は、「従来の政治が真理に基づかなかった結果悲惨な状況に至った。日本国憲法の下で国会が国民の安全と幸福のため任務を果たしていくためには調査機関を完備しなければならない」という趣旨のことを述べた。

「真理がわれらを自由にする」という言葉は、羽仁五郎がドイツ留学中に見たある大学の銘文に刻まれていた文字であり、その銘文は、新約聖書の「真理はあなたたちを自由にする」（ヨハネによる福音書八：三二）に由来するといわれている（参考文献＝稲村徹元・高木浩子「「真理がわれらを自由にする」文献考」『参考書誌研究』三五号　一九八九年二月）。

次章で述べる国会図書館憲政資料室での山辺健太郎の研究が、この山辺の『日本の韓国併合』にも反映していることはいうまでもない。その国会図書館の設立に羽仁五郎は参議院図書館運営委員長として大きな貢献をしたのである。

つぎに羽仁五郎が山辺健太郎の『日本の韓国併合』に書いた推薦文の全文を紹介しておく。

山辺健太郎『日本の韓国併合』を読んで

羽仁五郎

筆でかいたうそは、血でかいた真実をかくすことができない。

この書をよんで、魯迅のこのことばをおもいおこすのは、ぼくひとりではあるまい。

朝鮮問題とは、日本国民にとっては、実は日本問題なのである。

日本の支配者が朝鮮にむかってなにをしたか、その真実の認識なくして、日本国民の自覚は決して真実となることができない。

日本が朝鮮に対してなにをしたか寡聞にしてよく知らない、と日本の首相が公言していたが、無知か、無恥か、うその愛国やおろかな憂国が、ふたたび日本国民に罪を犯させ、亡国にみちびこうとしているとき、この書こそ真実の愛国の自覚を日本国民にあたえる。

日本の支配者たち、そして韓国の支配者たち、かれらがいかに日本の人民と朝鮮の人民とをあざむき、苦しめたか、その事実を一つ一つ証拠をあげてあきらかにしている本書は、人民の国際的団結の必要を痛感させずにはおかない。

さきに多くの読者にむかえられた〝日韓併合小史〟を序論とする本論各論にあたる本書が、あらゆる虚偽のなかから、真実をさがしあてる考証は、推理小説もおよばぬ迫力をもち、学位論文をこえる精密をそなえているのみならず、その結果、歴史の唯一の真実に到達する史学の論理の極致をしめしている。

日本が朝鮮を侵略してついに韓国を併合し、韓国軍隊を解散させたとき、勅命を無視して抵抗をつづけた朝鮮の兵士および人民のすがたは、本書の読者に朝鮮人民の高い性格を認識させ、ふかい尊敬の念をおこさせる。

そして、この朝鮮人民の不屈の抵抗運動がいかにして現在の朝鮮民主主義人民共和国に到達せねばならなかったか、その必然を暗示して、本書は結論している。

日本と朝鮮との関係がいままたまきこまれようとしている新しい危機といかにたたかうか、本書の読者はこの危機の性質を推理する力をあたえられる。

Ⅳ

第一次史料による歴史の研究を

「真理がわれらを自由にする」——国立国会図書館の成立

山辺健太郎は第Ⅱ・Ⅲ章で書いた朝鮮問題、近代日本の朝鮮侵略の歴史的研究を国会図書館憲政資料室を拠点にして研究していた。在野の研究者としてその憲政資料室が山辺の研究室だった。

この第Ⅳ章では、山辺健太郎が若い研究者に言いつづけたもう一つの教訓、第一次史料にもとづいて歴史を研究せよ、ということについて述べる。

第二次世界大戦で敗北するまで、日本は、国を統治するすべての権限を天皇が握る専制政治が行なわれていた。編纂された歴史史料や、政治家や軍人の伝記など、つまり天皇の専制支配のもとで出版された類の出版物は、信用してはダメだ、いろいろな書き換え（改竄）がある、あるいは削除（隠蔽）がある、だからその編纂物だけで勉強しようと思ってもダメだ、第一次史料を探してそれにもとづいて研究せよ、手の加えられていない生《なま》の史料を探して勉強しろ——それを山辺は繰り返し私をふくめてこれから歴史の研究をしようとしている若い学生たちに教えた。

そして自ら第一次史料を探しだして研究する、その実践の拠点にしていたのが国会図書館憲政資料室だったのである。

第Ⅲ章の最後にもふれたが、国会図書館は、日本における唯一の国立図書館である。

第二次世界大戦で日本が敗北し、その後、一九四七年四月三〇日、法律第七八号として公布された「国会法」の第一三〇条「国立国会図書館」の規定＝「議員の調査研究に資するため別に定める法律により、国立国会図書館を置く」と定められ、それにもとづいて国立国会図書館法（一九四八年二月九日、法律第五号）により設立された。

国立国会図書館法は、前文で「真理がわれらを自由にするという確信に立って、憲法の誓約する日本の民主化と世界平和とに寄与することを使命として設立される」と日本国憲法のもとで出発した図書館である。

一九四八年六月、赤坂離宮（現、迎賓館）を仮庁舎として開館した。一九六一年、永田町に現在の国会図書館の第一期工事が竣工し、旧帝国図書館を引き継いでいた上野図書館などの資料を合わせて、名実ともに日本を代表する図書館である。

「憲政資料室」の出発

国会図書館は、旧帝国図書館の蔵書二〇五万冊を引き継いだだけではなく、敗戦後、この国会図書館には「憲政資料室」が新設された。これは日本の近代史研究史上画期的なことであった。

憲政資料室の創設のときから、資料の蒐集、整理、公開の事業を指導したのは大久保利謙

（一九〇〇〜九五）である。明治維新の指導的政治家、西郷隆盛・木戸孝允と並んで「維新三傑」の一人といわれた大久保利通の孫にあたる。

大久保利謙は、一九二二年、京都帝国大学経済学部に入学するが、病気のため退学。転じて一九二八年、東京帝国大学文学部国史学科を卒業、副手をつとめるとともに、東京帝国大学五十年史編纂嘱託になり、近代史の研究者となった。

なにしろ大久保利通の孫で大久保家の当主だから、大日本帝国憲法下では華族（侯爵）の家柄、一九四三年からは貴族院議員でもあった。

しかし、かたくるしいところのない、気さくな人柄で親しまれた。

大久保利謙は憲政資料室の話もふくめて『日本近代史学事始め』（岩波新書）を書いている。一読をすすめたい本である。ここでは憲政資料室の創立三五周年を迎えて、みすず書房の雑誌『みすず』（二七六号、一九八三・八―九）の「特集　憲政資料室の35年」の冒頭に書かれた大久保利謙の文章を紹介する。

国会図書館の憲政資料室の生い立ち、そしてとくに日本の近代史を研究する上でどんな意味を持っている文書館なのかを、この大久保の文章からくみ取っていただきたい。〔読みやすくするために原文を適宜改行した。また（　）は中塚の補足である。〕

発足の頃あれこれ　大久保利謙

国立国会図書館の国会分館に憲政資料室が開設してから、はやくも三十五年に近い年月を経た。西も東もさだかでなかった雛鳥も今や立派な若鳥に成長して、日本の近・現代史史料のセンターという域に達し、多くの研究業績を生んでいることは関係者の一人としてまことに喜びにたえない。

開設は昭和二四年（一九四九年）九月のことで、戦後もほやほやの頃であった。近代史の研究は、まだ極めて狭隘な専門研究者の間であったとはいえ、天皇制タブーからの解放によって、戦時下で抑圧のはげしかった自由民権運動の研究を中心として勢よく盛りあがりつつあった。丁度そういうところに憲政資料室ができたのであったから研究者から注目を浴びた。

明治初年以来、図書館は中央地方に建設されていたが、文書館は全く顧みられなかったといっていい。公文書となると、内閣文庫その他各省庁、また地方は県庁、郡役所等の文書課にあった部内文書であったので、特別のルートがないと簡単には閲覧できなかった。また諸家の私文書にしても外部からは容易に窺われない。

だから研究者は『法令全書』その他の公刊史料か、または関係者の伝記、回想録等を材料とするよりほかなかった。

もとより、(憲政資料室の) 開設当初はまだ一般に公開する段取ではなかったが、国会図書館のうちに設けられたということは、当然準備ができれば公開するわけであるから、この憲政資料室の開設は、戦後の近代史研究にとっては画期的意味をもつものであった。

ところで、憲政資料室の開設にはその前提があった。かいつまんで述べると、昭和一三年(一九三八年)、明治憲法公布の五十周年記念として衆議院が着手した日本憲政史編纂と貴族院五十年史編纂の両事業がそれである。両者とも尾佐《おさ》竹猛《たけたけき》を委員長として発足し、まず関係史料の蒐集を行った。これは編纂執筆するとしても関係史料は何ら準備されていなかったからであった。伊藤博文、井上毅、伊東巳代治ら憲法制定者の家蔵史料を借りだして謄写した。これはまず明治憲法制定の過程の解明に焦点をあてたからであった。

それと平行して在野の憲政運動ともいうべき自由民権運動を重要視して、その発祥地といわれる土佐高知図書館所蔵の植木枝盛、片岡健吉らの自由党関係の史料を採訪している。これは在野派史家の尾佐竹委員長、鈴木安蔵委員らの編纂方針によるもので、戦後の民権運動史研究のいわば先駆となるものといっていい。

この貴衆両院の憲政史編纂は、太平洋戦争の激化によって開店休業のやむなきことになって、それが戦後となって新国会の事務局で再開の議がおこって憲政資料室に生れ変ったのである。ただ当時の新国会そのものが発足当時で、旧来の憲政史編纂を再開することは事務的にも容易でなく、またいろいろ問題もあったので、新設の国会図書館の事業となり、「憲政資料」の蒐集調査となった。「憲政」は前身の憲政史編纂を受けたのであるが、「資料」としたのは、文書記録のほかにも及びうるという含みであったと記憶する。なお、国会分館におかれたのは、別に意味があったわけでなく、蒐集史料の収蔵に適当な小書庫が分館にあったからであった。

旧憲政史編纂会、貴族院五十年史と異るのは、憲政史、五十年史の編纂刊行でなく、もっぱら関係史料そのものの蒐集であった。そのために当時としては巨額といってもいい購入費がついて、それがこの資料室の主たる任務となった。

国会図書館も開設当初で、新文化建設のための中央大図書館を創建するという意気込にもえ、内容充実に力をいれていた。そこでこの際、明治大正の国政史料の散逸を防ぐために国会図書館が蒐集に当るとすることになったのだと思われる。史料蒐集の責任者となった筆者は、まだ赤坂離宮に仮寓中の図書館本館に史料購入関係の用件で屢ゝ往復したが、金森徳次郎館長、受入整理部長の岡田温氏らがはなはだこの史料蒐集に厚意を寄せ、声援を与えられたことを思い浮かべることができる。

いっぽうまた、敗戦による社会的激変、旧特権層の崩壊没落が貴重史料の散逸をきたすという事態をまねきつつあった。美術品や古典籍等の貴重文化財の海外流出の危険も、識者、研究者の間で深刻な憂慮の種となっていた。

そこで憲政資料室はそういう貴重史料の散逸防止の一端を努めるということにもなったのである。もとより限られた購入財源のうえに、事に当った筆者の微力、不手際から充分効果をはたしえなかったのであるが、それでもかなりの幕末明治の政治外交史の基本史料を集めることができた。

そのうちには、放置すれば散逸したか、または埋れたままで日の目をみずに終ったかもしれないものもあったろう。そういう点から、あの時期に国立国会図書館という国立の大施設のなかに憲政資料室という近代史料蓄積の受皿ができたことは、関係重要史料の保存と研究推進のために至幸この上ないことであったといわなければならない。

史料蒐集は前身の憲政史編纂会の方針をうけてまず伊藤博文、伊東巳代治、岩倉具視、井上馨といった維新期の主要政治家の文書をねらった。ただ憲政資料といっても狭義の憲政関係に限定せず、政治、外交史料は重要なものはなんでも集めた。しかし、開設そうそうであり、蒐集視野もまことに狭隘であった。自由民権関係は、旧憲政史編纂会から引継いだ植木枝盛文書の写その他があった。新たに入手したものは、樺山資紀、三島通庸などの官権側の弾圧史料と自由党の河野広中文書があり、これらは多くの研究者に役立った。

開設当初、筆者が蒐集に当った思い出を若干述べてみよう。ねらいを定めたり、譲渡や寄託の交渉に若干の苦労はあったが、がいしていえば楽であった。楽であったというとおかしいが、とにかく既往の大家も小家も世相激変で伝家の家宝も維持できないという状態であったから、戦前だったら容易に門戸を開かない大家の主人公も容易に、または喜んで譲渡に応ずるという有様であった。

筆者は戦前の憲政史編纂、貴族院五十年史に関係して戦前の情況をよく知っていたので、旧大家、旧特権層の没落で、変れば変る有為転変の世相を、史料の運命において肌身で感得した。そういうことで、いわば楽々とそれぞれ伝家の貴重文書を集めることができたのである。

これにはまた国立国会図書館ということが大変な強味だった。諸大家も相手が国会図書館なら譲渡の大義名分がたつというので話が通じやすく、まことにスムースに交渉することができた。なかには、国会図書館がそういうものを集めているということを伝聞して、すすんで引き取ってくれという申込をうけ、まるで棚からぼた餅ふうに貴重史料を入手したこともあった。

憲政資料室での山辺健太郎

山辺健太郎は『国立国会図書館月報』四二号（一九六四年九月二〇日）掲載の座談会、「憲政資料室の資料をめぐって」に参加し、つぎのように発言している。

私はもう、十二、三年憲政資料室に通っているのですが、実際、毎日毎日読んでいても、あとからあとから重要な史料がでてくる。そういう意味で、憲政資料室に通うのが楽しいですよ。最近の若い人の業績などをみても、憲政資料室の史料をつかったもので立派な仕事が沢山ありますよ。たとえば、岩波講座の「日本歴史」なども、近代、現代の論文は大部分この資料を利用している。その意味で憲政資料（室）が日本の近代史研究の進歩のためにはたしている役割は非常に大きいと思います。

一九六四年の座談会で、「私はもう、一二、三年憲政資料室に通っている」とふり返っていることからわかるように、憲政資料室が創設されてまもなくの一九五〇年代のはじめごろから、山辺健太郎はここを根城にして研究していたのである。

憲政資料室での山辺の仕事ぶりを書いた由井正臣（一九三三〜二〇〇八）の文章（『山辺健太郎　回想と遺文』所収）を紹介しよう。

由井正臣は国会図書館が現在の永田町に本格的な庁舎として建設されたころ、一九六〇年代にこの憲政資料室の職員として勤務していた日本近代史の研究者である。数年にわたり憲政資料室で研究をしていた山辺とは毎日顔を合わせていた。憲政資料室を退職した後、駒澤大学、ついで早稲田大学で日本史の教授として活躍した。〔紹介するに際して読みやすくするために適宜改行した。〕

憲政資料室での山辺さん　由井正臣

私が山辺さんを知ったのは、早稲田に在学中の一九五四年頃だったと思う。あの頃の山辺さんはよく早稲田にやってきて、学生歴史学研究会の部屋に顔をだしていた。米騒動部会やアメリカ史部会の面倒をみていてくれたのである。ヴィクター・バーローの『アメリカ帝国主義』の講読を何回か指導していただいた。大雑把な訳をして叱られた。ちゃんと辞書をひいて正確に訳しなさいというのである。

だが、ほんとうに山辺さんと親しくおつきあいしていただくようになったのは、私が国会図書館の憲政資料室の職員になってからであった。憲政資料室では山辺さんのほうが「先住民」であった。憲政資料室がまだ(国会)議事堂四階の参議院側にあったころの一九五四、五年頃、二年間ほど毎日通っていたらしい。その頃の山辺さんを私はまったく知らない。

私が山辺さんと毎日のように顔をつきあわせるようになったのは一九六三年から六八年にかけての五年間であった。この時期を含む前後一〇年間ほどは、山辺さんにとってほんとうに充実しきった研究の時期であったように思う。

いまその著書、論文などを調べてみても、この時期に発表されたものがいちばん多い。一九六四年一一月に『現代史資料　社会主義運動(一)』を刊行されてから、六八年に(七)を出すまで、ほとんど年に二冊ずつのスピードで出版されている。その間、六六年には『日韓併合小史』を出し、同じ年『日本の韓国併合』を出して、それまでに書かれた韓国併合にいたる日本の朝鮮侵略に関する論文を集大成している。そして七一年には『日本統治下の朝鮮』を出版された。それまで蓄積されてきたものが奔流となっていっきょに流れだしたという感じであった。

あの頃は、ほんとうに毎日が楽しそうであった。きまって朝一〇時半頃、紺色の風呂敷包みに、二、三冊の本と原稿用紙、それに筆箱に鉛筆を何本も用意して入れてくる。それに朝刊紙を一部かならず持ってきていた。そんな包みのなかによく新茶や玉露がはいっていたり、神田神保町の柏水堂のシュークリームや阿佐ヶ谷のうさぎやの最中とか和菓子の包みがはいっている。こうして、一〇時半頃から夕方の四時過ぎ頃まで、史料を写したり、三時には部屋の人たちよりも早くたちあがってお茶の仕度をするといった具合で、実に自由気儘に勉強されておった。それはまったく自分の研究室といった感じであった。

自ら憲政資料室の牢名主と称していたが、よく閲覧にきた人をつかまえて、「君、君、史料を万年筆で写したらいかんよ、鉛筆にしなさい」とか、「君は何をやっているのかね。それなら、あの本を読んだかね。史料読む前にあれ読みなさいよ」といった具合に、注意したり、教えたりで、私たち図書館職員にとっては大助かりであった。

そんな山辺さんをつかまえて、ある日、学生らしい閲覧者が、図書館員とまちがえて「ヤマケン文書」はありますかと尋ねたものである。さあ、山健さんすっかり驚いて、何か自分の社会主義関係の史料でも閲覧にきたのかと思って、よく聞いてみると、なんとそれが「山県（有朋）文書」を求めていたのであった。これには大笑いした。今でも憲政資料室の語り草になっている。

憲政資料室での山辺さんの史料調査は、主として日本帝国主義の朝鮮侵略史に関するものであった。研究の動機について、山辺さんはこう書いている。「私は、もともと、日本の社会運動史の研究をやっていた。ところで、社会運動の歴史を研究するためには、その国の資本主義発達の歴史を研究しなければならないことはいうまでもない。」ところが、日本資本主義発達史の研究には重大な欠陥があることがわかった。それは、日本の植民地領有が資本主義の発達にどのような影響を与えたのかが今までの研究では無視されていることである。「そこで私は、この点をしらべるために、まず朝鮮の近代史をしらべることにした。つまり、日本がどのようにして朝鮮に侵入し、朝鮮の富源を手にいれたのか、またそれが日本の経済にどんな影響をおよぼしたのかを、研究することになった」(『日本の韓国併合』あとがき)。

また、朝鮮史研究の出発点になったと思われる、旗田巍著『朝鮮史』の書評(「歴史学研究」一五六号、一九五二年)で、その研究態度について、こう書いている。「朝鮮史を書く態度にしても、著者(旗田巍─引用者)のいうような、『朝鮮人の苦悩を自己の苦悩とする』といった態度なんか、できっこないではないか。僕は、こんどの戦争中も、金天海のような、朝鮮の革命家といっしょに生死をともにしてきたが、それでもこんなことはいえない。僕はむしろ、日本人は日本人として、つまり侵略国の人民として、日本帝国主義の植民地侵略の歴史をあきらかにする、という立場でなければならないと思う。日本人が朝鮮の歴史、ことに近代朝鮮の歴史を書くときには、日本侵略史を書くべきだと思う。」

この研究姿勢については、おそらく異論がありうると思う。しかし、山辺さんは、近代における日本と朝鮮の関係を究明するうえでこの姿勢を一貫してつらぬいた。「日本があまりひどいことをやったので、人民のなかに何かよいものを探しだそうということで、朝鮮史をやる傾向がありはしないでしょうか。日本朝鮮研究所の『日朝中三国人民連帯の歴史と理論』などだってそうですよ。その点で、一度各研究者、とくに日本人と朝鮮人の近代史家の交流をやって、現在の問題をふくめて、真の日朝人民連帯とは何かということを話しあわなければいけないと思う。私は、朝鮮史をやってみて、あの人たちも連帯がある、この人たちも連帯があると拡大する傾向は、歴史家として正しくないと思う。春画みたいに拡大・誇張すると、史的唯物論・唯物史観が『春画史観』になってしまって、ほんとうはいけない」とも言っている（『歴史評論』一八八号）。

以上のような立場から、山辺さんが憲政資料室で全精力を傾注したのは、日本の朝鮮侵略の歴史的事実を基本史料にもとづいて明らかにすることであった。そのための史料調査は憲政資料室所蔵のほとんどの主要文書におよんだといっても誇張ではない。なかでも三条実美文書、伊藤博文文書、井上馨文書、陸奥宗光文書、山県有朋文書、桂太郎文書などの朝鮮関係の書類や書簡で、山辺さんの鋭い目を脱れることのできたものは一つもなかったと思う。

まだ整理途中であった寺内正毅文書や斎藤実文書についても、整理している私のところへきては、おもしろそうなのをひろいあげて、読んでいた。私も社会運動関係や植民地関係でわからないところがあると山辺さんにいろいろ教えていただいた。そういう時の山辺さんの史料の重要度についての判断は実に早かった。これちょっと写させて、といって、自分の机にもちかえって写しおえた史料は、二、三カ月もすると、『現代史資料』の月報などで、よくゆき届いた解説をつけて、史料紹介していた。

こうした史料の博捜とそこから選んだ史料にもとづいて、従来の書物に書かれている「俗説」（山辺さんは実によくこの言葉をつかった。「愚にもつかん俗説」というのは山辺さんの口癖であった）を一つ一つ検討し、新しい光のなかに歴史的事実を論証していった。既成の権威をまったくみとめない姿勢が一貫している。

その実証がいかに細部にまでわたって堅実であったかは、たとえば、山辺さんのエッセー「一日のちがい」（『図書』一九七二年六月号）を見られたい。しかし、けっして瑣末主義や山辺さんのいう「春画史観」に陥ることはなかった。そこに山辺さんのマルクス主義史家としての史眼が光っていると思う。その証拠は、『日韓併合小史』をはじめ著書、論文のなかでいくらでもあげることができる。

ここで一言つけ加えておきたいことがある。それは、山辺さんが没入した陸奥宗光『蹇蹇録』の校訂についてである。陸奥宗光文書には、「蹇蹇餘録」と題された『蹇蹇録』の草稿がある。朱・墨とりまぜ何回かの訂正の筆が入ったこの草稿を、山辺さんは一夏以上かけて筆写した。加筆訂正が誰の筆跡であるかまで確かめながら。そのうえで、同じ陸奥文書にある西園寺公望奥書の最初の活版本をはじめ現在までに出版された七、八種類の流布活字本と対校して、原稿をつくりあげた。日清戦争外交史の記録として古典の名をほしいままにしているこの書物の一字一句をおろそかにせず意味を読みとろうとする山辺さんの態度に、私は批判的実証精神をみる思いがする。生前、この山辺校訂本とも称すべき『蹇蹇録』の原稿はついに出版されなかった。私はいずれかの書店でこの原稿を出版してくださるよう切望する。

もう一つ、山辺さんの著作や論文を読んでいて気のつくことは、引用史料の多くをほぼ完全な形で収録し、それと対照的に、その史料からひきだす事実の意義づけはきわめて簡潔に叙述していることである。これは、山辺さんの歴史叙述の特徴であろう。全体の文脈からきりはなして自分の都合のいいところだけを引用して誤った結論を導きだしたり、恣意的な解釈をほどこすことへの警告である。また、読む者に史料批判や解釈を可能にするきわめてフェアな態度である。ここに私は、山辺さんの仕事が戦後の朝鮮史研究において開拓者的な役割をはたしえた理由の一つがあると考える。あるいは、重要な礎石を据えたといってもいい。

このことはもう一つのことを私に考えさせる。いつか西野辰吉氏が山辺さんの『社会主義運動半生記』を評して、「歴史が党派的な評価や解釈でつくろわれがちであるのにたいして、そのものから原状態を洗いだしたいという気持があったからだろう」と述べていた。私もまったく同感である。このことは山辺さんの歴史研究にもあてはまる。いたずらに後世の知恵をもって歴史を裁断することなく、厳密な史料批判をへて選びぬかれた史料によって歴史の「原状態」を洗いだす、というのが山辺さんの歴史学であった。

後半生の大部分を図書館に通い、書物と史料のなかですごされた山辺さんは、いつも「時は金なりだよ。僕は金はないが時間があるから金持と同じだ」といわれていた。たしかにそのとおりだが、その時間も、およそ世俗的な儀礼や虚飾をいっさい拒否した山辺さんにしてはじめて手にいれることのできたものであったと思う。憲政資料室にやってきた山辺さんは、きれいに削った鉛筆を四、五本そろえ、原稿用紙に実にきれいな字で一枡一枡を史料でうめていった。それは、あの乱雑をきわめた、足の踏み場もない自宅の様子を知っているものにとっては、ちょっと想像のつかないものであった。そうやって筆写した史料は、おそらくそのまま原稿のなかに挿入されたのだろうと思う。

山辺さんの学問への深い関心はどこから生れてきたのだろう、とよく考える。たしかに、一生涯を社会主義者として、戦時中も非転向でおしとおした山辺さんが、日本の労働者階級の運命に関心を寄せ、日本の社会運動史から資本主義発達史へ、そしてその不可欠な部分を構成する植民地の研究へと進まれたことは、学問上の問題意識としては理解できる。しかし、それを支えていた情熱はどこから生れてきたのだろうか。

小学校を卒えてすぐに丸善大阪支店の小僧になった山辺さんは、何万冊あったかわからない在庫をほとんど記憶していたというが、この時期ふくれあがった知的関心は生涯しぼむことなく拡大しつづけた。しかし、それだけだったらあるいは単なるジレッタントで終ってしまったかもしれない。

そうさせなかった一つに、私は山辺さんが四・一六事件で逮捕され、三年の刑をおえて出獄したのちの一九三五年頃、大阪の塩見理化学研究所での小倉金之助との出会いがあったのではないかと思う。市民主義的精神をもった独創的な数学者小倉金之助が山辺さんに与えた影響は大きいと思う。つねづね山辺さんは小倉金之助について尊敬の気持をこめて語っていた。単に高等数学を教えられたということだけではなく、そこから学問の本質を学びとったのだと思う。鬚をきれいに鋏でかりとり、茶の背広をきこんだ山辺さんを私がみたのは、後にも先にも、小倉金之助の葬式のとき一回きりだった。

社会主義者として、在野の学者として、その生涯を終った山辺さんの等身大の像は、いつか誰かが書いてくれるだろう。私たちの前には『社会主義運動半生記』一冊が残された。その後半生についても語る用意のあった山辺さんが、それを残さずに逝ったのは残念でならない。私が手術の五日ほどまえにお見舞にうかがったとき、『半生記』の続編について、いつ出るのですかときくと、「ああ、来月には出るよ」と言われて、びっくりした。おそらく山辺さんの胸のうちには、およそ骨格はできていたのだろうと推測した。しかしもう私たちはそれを読むことはできない。

反俗と反権威で一貫した山辺さんは、多くの人に深い印象を残して去った。残された者は、山辺さんから教えられたものを、それぞれの仕方で、自分の仕事に塗りこめていくしかしようがないのである。

（『山辺健太郎　回想と遺文』一一五〜一二一ページ）

「大日本帝国」の赤裸々な姿――憲政資料室の生の史料

山辺健太郎が、国会図書館の憲政資料室にせっせと通いつづけたのは、ここが第一次史料、編纂者などの手の加えられていない生の史料の宝庫であったからである。

〈公文書〉というのは、国や地方公共団体の機関、例えば外務省など、またそこに勤務している大日本帝国憲法のもとでの官吏、すなわち官吏服務規律（一八八七年・明治二〇年）で、「凡そ官吏は天皇陛下及び天皇陛下の政府に対し忠順勤務を主とし法律命令に従ひ各其職務を尽すべし」と規定されていた、内閣の各大臣をはじめとする日本帝国の官吏たちが作った文書をいう。

公文書に対して、〈私文書〉とは、その日本帝国の中枢にいた政治家や軍人たちの私的な手紙などである。

それらのすべてではないが、相当多数が国会図書館の新設された憲政資料室で蒐集されてきたのである。

日本政府が「公文書保管所」を公式に創ったわけではないが、日本帝国が敗戦によって崩壊するまでは考えられなかった「文書館」（アーカイブ）がはじめて誕生したのである。

先に紹介した大久保利謙の文章に、「明治初年以来、図書館は中央地方に建設されていたが、文書館は全く顧みられなかったといっていい。公文書となると、内閣文庫その他各省庁、また地方は県庁、郡役所等の文書課にあった部内文書であったので、特別のルートがないと簡単には閲覧できなかった。また諸家の私文書にしても外部からは容易に窺われない」と述べられていた。それが、この憲政資料室で蒐集され公開されたのだから、近代日本の歴史研究にとっては、目を見張るような画期的意味をもつ施設だった。

一九四五年、第二次世界大戦で敗北し崩壊するまでの日本では、「国家の大事、軍の機密、皇室に関することは「臣民」は書くことはもちろんしゃべってもダメだ、歴史学者も例外ではない」とされてきたのだから、そういう事情が敗戦によって大きく変わったのである。

目をみはる憲政資料室

私が山辺健太郎のすすめで、「陸奥宗光関係文書」などを閲覧するためはじめて国会図書館憲政資料室に行ったのは、永田町の今の国会図書館の建物ができてまもなくのころであった。

「憲政資料室へも」ではなく、ここを主とするようにして下さい。外交文書室にあるべきものでないものがここにあります。そのほか、国内政治にかんするものがたくさんありますから、短い期間なら、ここを中心にした方がいいでしょう。……

これは一九六二年二月の末、山辺からもらったハガキの中にあった言葉である。当時『岩波講座日本歴史』(第二次世界大戦後、岩波書店ではじめて企画された「日本歴史講座」)に「日清戦争」を書くために、私は山辺の協力を得て史料集めにつとめていた。既刊の史料類にはほぼ目を通し、原稿のあらすじは出来たものの、さらに未公刊の史料をもとめて春休みに東京へ行こうとしていた。さしずめ外務省で日清戦争関係のファイルから、『日本外交文書』に未収録の史料をさがすのが目的であった。

事前に山辺と連絡していた私は、あまり時間もないから、外務省を主力にして、もし時間のゆとりがあれば国会図書館の憲政資料室にも行きたい、と手紙をだしたのにたいする山辺の返事が、右のハガキである。

すでに足繁く憲政資料室に通っていた山辺には、そこにある豊富な史料に気づいていない私を、もどかしく思ったのだろう。時間がないのならむしろ憲政資料室に来るべきだ、とすすめてくれたのである。

関西にいて、それまで近代日本の政治家たちの残した生の史料、第一次史料などにふれる機会のほとんどなかった私は、はじめて訪れた憲政資料室に目をみはった。

さしあたって、日清戦争関係の第一次史料をもとめて、整理が終って公開されたばかりの『陸奥宗光関係文書』に、私は文字通り没入することになった。

山辺のいうように、「外交文書室にあるべきものでないもの」が、ここにはいっぱいあった。外務大臣の陸奥宗光と在外公使との往復書翰（その控や写など）、加筆・修正のあとが生々しい訓令や条約草案、あるいは陸奥宗光が日清戦争後、その著述に心血をそそいだ『蹇蹇録』の草稿等々――。

もう半世紀以上もまえのことだが、はじめてこれらの文書を目のあたりにしたときの興奮はいまだに忘れられない。それればかりか、編纂され印刷された史料類や伝記などからはさぐりだすことのできない歴史の事実を、原史料から発掘して得られる知的興奮を抑えることができなかった。それは歴史研究者としての私の生涯でまさに画期的なことであった。

それからというもの、東京へ出れば、東久留米の公団住宅に移り住んだ山辺のところに泊めてもらい、山辺と一緒に東久留米から池袋、そして地下鉄で国会議事堂前まで来て、国会図書館の憲政資料室に通うのが、私のおきまりのコースになった。

憲政資料室では歴代の職員の手で蒐集文書が整理され、たとえば『陸奥宗光関係文書』などのように、旧蔵の家ごとに目録が公刊された。この目録が利用者の便をいちじるしく高めていることは特筆すべきことである。収蔵された史料は編纂物に往々みられるような取捨選択はされず、文字通りすべて分類して公開された。

その有様は大久保利謙をはじめ憲政資料室の仕事にたずさわってきたすべての人たちの見識の高さを物語る。

私は憲政資料室所蔵の文書が、全面公開の原則を堅持しつつ、活字になり、公刊されないものか、とふと思ったりもした。もしこのことが実現すれば、歴史研究への貢献ははかり知れないものがあろうし、ひろく国民的視野からいっても、日本の近代の歴史を考えなおす上で、実に画期的なことになろうと考えたものである。

もちろん、こういう壮大な事業は、文字通り国家的な事業として推進されなくては、到底実現不可能である。第二次世界大戦後の日本では、こういう世界的な視野に立って近代日本を歴史的に顧みる、そういう政治的風土は残念ながら成長しなかった。

歴史研究に必要な批判的な主体——史料批判の精神

「真理がわれらを自由にするという確信」のもとに国立国会図書館が出発し、そこに憲政資料室が置かれたことは、歴史を明らかにするという主体的な働きかけがあれば、それに応えてくれる図書館であり文書館が誕生したことを意味する。

注目すべきことは、集められ整理された文書が公開され始めると、日本帝国の内外施策の事実が明らかになるだけでなく、事実を隠したり、削除したりした事実、そしてなにがどのように隠されたり歪められたりしていたのか、そんなこともつぎつぎに明らかになり始めた。

その一つの例を紹介しよう。

日本が韓国を併合したときの内閣総理大臣は陸軍大将でもあった桂太郎であった。日本陸軍の大ボス、山県有朋の後輩、同じ長州藩出身で、「明治の日本」を代表する政治家・軍人の一人である。その伝記に徳富猪一郎（蘇峰）編の『公爵桂太郎伝』（全二巻、一九一七年発行）がある。徳富蘇峰は桂太郎と親しかっただけでなく、「日本帝国」の時代、「当代切ってのジャーナリスト」と見なされてきた人物であったから、桂太郎の伝記を編纂するにはうってつけであった。その人物が編纂にたずさわったこの伝記がどんな手法でまとめられたのか。

桂太郎の持っていた私文書、例えば山県有朋からきた手紙なども当然、伝記を編纂するときに利用した。だれにでもできることではない。日本帝国時代、政治家の私文書といえども国家機密にかかわるとして研究者もふくめて容易に近づくことはむずかしかった。徳富蘇峰が中心になっての伝記の編纂事業であったからできたと言ってよいだろう。

それでは、桂太郎の私文書も参考にして書かれたこの伝記は信用できるのか、というとそうではない。

例えばこういうことだ。憲政資料室に寄託された『山県有朋文書』から明らかになった事実である。

日露戦争後、日本が韓国を併合しようとして、それをどういう手順で進めるか、日本政府内で問題になる。韓国に「保護条約」を押しつけ、伊藤博文が初代の韓国統監になるが、その伊藤博文が辞め、その後任が問題になったときのことである。大物の伊藤博文が辞任して、後任に副統監、曽禰《そね》荒助《あらすけ》が統監になった（一九〇九年六月一四日）のだが、その更迭の事情を明らかにする記録に、時の総理大臣桂太郎が同年四月一七日付けで山県有朋に送った手紙がある。

徳富蘇峰はこの手紙を桂太郎の伝記、下巻にあたる〈坤巻〉に引用している（四五四〜四五五

ページ）。その引用の一節に次のようにある。〔句読点、ルビは中塚〕

……就ては所謂《いわゆる》時機を早からしむるには、却而《かえって》有力者を必要となさず、〈中略〉今後の政策上、尤《もっと》も妙を得へき策ならむかと存候間、断然其意《い》を入れ、曽禰子（子爵という意味――中塚）をして其後任に推挙致候方、好都合と存申候筈なれは、当方より何事も指図をなし得へき事故《ゆえ》、……

右の手紙の文中に〈中略〉とした部分がある。編者である徳富蘇峰が桂から山県への手紙を引用するとき、その一部を削って〈中略〉としたのである。

では、この〈中略〉にはどういうことが書いてあったのか。山県有朋の子孫から憲政資料室に寄託された文書の中に、この桂太郎の書簡もあった。それを見ると、徳富蘇峰が〈中略〉とした部分になにが書いてあったのか明らかになった。

原文ではその部分に、

彼等韓皇及ひ政府者等之過をなさしむる事こそ（傍線――中塚）

と書かれていたのである。つまり伊藤の後任には伊藤ほどの有力者は必要とせず、「韓国の皇帝および政府関係者に過ちをなさしむることこそ」が、今後の政策上、もっとも巧い策だ、それには同じ長州出身の曽禰を後任に推した方が万事好都合で、彼になら当方からなんでも指図できる……、という趣旨だったのである。

韓国では皇帝（一八九七年、朝鮮王朝から大韓帝国へと王制から帝政に変わり、国王から皇帝になった）高宗が、日本の侵略にさまざまに抵抗していた。その一つが「密使事件」だった。

一九〇七年、皇帝高宗が、オランダのハーグで開かれていた第二回万国平和会議に使者を送り、日本帝国による韓国の外交権を剥奪した第二次日韓協約（一九〇五年、日本では「保護条約」とも呼んでいる）の不当を列国に承認させようとした（ハーグ密使事件については金文子『日露戦争と大韓帝国』高文研、二〇一四年に最新の研究がある）。このことをとらえて日本政府は、この密使派遣を「不法行為」として皇帝を詰問、退位させ、さらに一九〇七年、第三次日韓協約を押しつけて韓国軍隊を解散させるなど、日本の韓国支配を一挙に強化したのである。

桂内閣は韓国併合の周到な準備をすすめるかたわら、韓国に渦巻く日本の植民地化への反対の気運のなかで、韓国皇帝や政府関係者が、さらにハーグ密使事件のような行為に出るかもしれず、むしろそのような行為があるときは、それを韓国併合の好機にしようと、桂首相らが考えていたことを、右の〈中略〉の二一字は示していた。

しかし、そんな露骨なことを、公刊される『公爵桂太郎伝』には書けないので、文意を損なっても、〈中略〉として、隠してしまったのである。

「大日本帝国」の時代、日本の権力者に連なるものが歴史を隠蔽した一つの例である。

われわれが日本による韓国植民地化の歴史を研究するとき、『公爵桂太郎伝』ももちろん読まなければならないが、しかし〈中略〉などと原文の全文を掲げないときには往々にしてその〈中略〉部分に重要なことが書いてあることがあり、その手紙の原文を調べる必要があることをこの『公爵桂太郎伝』は教えている。

ここに紹介した事実は、ごくごく一部のことであって、憲政資料室所蔵史料の九牛の一毛に過ぎないことはいうまでもない。

しかし、「大日本帝国」の敗北までは不可能だった事実にもとづいて日本の歴史を明らかにする道が、憲政資料室の創設、史料の公開によって拓かれたのである。

もちろん、史料は研究者の問題意識によってはじめて日の目を見る。

山辺健太郎は朝鮮問題の解明、日本の朝鮮侵略の歴史を事実にもとづいて明らかにしなければ日本の近代史はわからない――という強い確信の下で、憲政資料室を拠点に日本の朝鮮侵略史の研究に没頭し、「大日本帝国」の時代には隠されゆがめられていた歴史を明らかにすることをみずから実践したのである。

『陸奥宗光関係文書』と日清戦争研究

私は山辺健太郎に導かれてこの憲政資料室で『陸奥宗光関係文書』を調べ、一九六二年、『岩波講座日本歴史』（第一七巻、近代4）に「日清戦争」を書いた。

そこで、日清戦争のときに日本政府が、朝鮮政府に対して押しつけようとしていた、朝鮮の鉄道や電信を独占的に支配するための条約案や、朝鮮の軍事的な支配をめざす秘密条約の原案など、日本の外務省の罫紙に書かれた第一次史料を紹介した。日本政府の朝鮮政策の実態を物語る生々しい日本政府の原文書である。——こうした日本政府の日清戦争中の朝鮮従属化の意図を、日本政府の文書を使って明らかにしたのは、日清戦争研究史上、はじめてのことであった。

その後も、憲政資料室に通い、とりわけ陸奥宗光の『蹇蹇録』の研究に没頭した。

山辺健太郎は憲政資料室の『陸奥宗光関係文書』の中の諸史料を使って、『蹇蹇録』をめぐる研究をしようとしていたが、病没して果たせなかった。

山辺の没後、数年たって、岩波書店の岩波文庫の編集にたずさわっていた平田賢一が、山辺の遺志を私に託し、岩波文庫『蹇蹇録』の改訂作業を私がするようになった。

その際、私は『蹇蹇録』の刊行にまつわる第一次史料の発掘に努めた。日清戦争当時の外務省政務局長で陸奥宗光の秘書官であった中田敬義の孫娘、平林富子らの協力で貴重な新発見もあり、『蹇蹇録』の出版にかかわる従来の諸説を改める「解説―『蹇蹇録』刊行事情」を書くことができた。

その後、一九九二年『『蹇蹇録』の世界』をみすず書房から刊行し（二〇〇六年、増補復刊）、日本近代史上での「陸奥外交」の歴史的位置の解明につとめた。

第一次史料の重要性を説いた山辺健太郎の教えは、さらに福島県立図書館佐藤文庫での参謀本部で書かれた日清戦争戦史草案の読解から日清戦争緒戦の朝鮮王宮占領の詳細を明らかにする研究に活かされた（中塚明『歴史の偽造をただす』高文研、一九九七年）。

信夫清三郎の〝定説〟をめぐって

さらに続けて、日本における日清戦争研究の史学史的問題を、国会図書館の憲政資料室がはたした役割などにふれながら、いま少し述べておきたい。

私が『岩波講座日本歴史』に「日清戦争」を書いた一九六〇年代はじめごろ、日清戦争の研究といえば信夫清三郎《しのぶせいざぶろう》（一九〇九～一九九〇）の『陸奥外交』（叢文閣、一九三五年）が古典的な位置を占めていた。山辺からもこの本は必読文献と言われていた。

信夫清三郎は一九三〇年代はじめ、九州帝国大学法学部で日本外交史の研究をしていた。一九三一年は「満州事変」がはじまった年である。満州事変は、よく知られているように、日本の軍隊である関東軍が奉天、いまの瀋陽の郊外で、鉄道を爆破して、それを中国軍の仕業として関東軍がまず軍事行動を起こし、それを政府が追認するという形で戦争が進み拡大した。

信夫はこの日本がはじめた新たな戦争の進展を、毎日、新聞やラジオで見聞しながら、日本外交史の勉強をしていたのである。この「昭和の現実」から、さかのぼって日清戦争を研究してみると、軍部が先導して戦争になったという点で同じではないか、と信夫は考えたのである。日清戦争のとき、日本の戦争指導の最高指導者は陸軍中将川上操六参謀次長である。参謀総長は皇族だから、事実上、川上は陸軍の軍事指導のトップだった。陸軍だけではなく、海軍もあわせて日清戦争の時の日本の軍事指導の最高責任者であった。

その川上操六がいちはやく天皇に直属する戦争指導の最高機関である大本営を創設して、戦争にもっていった、総理大臣の伊藤博文や外務大臣の陸奥宗光など、文官官僚たちは、その軍部に引きずられて戦争になった。眼の前で進行する「満州事変」の様相から、日清戦争のときもそうだったのだ、と信夫清三郎は考えたのである。

私が『岩波講座日本歴史』に「日清戦争」の原稿を書くころ、この信夫の主張は日本近代史をつらぬく「二重外交」「二重政府の二重外交」などと呼ばれて、有力な学説の一つになっていた。

軍部と文官官僚、軍部と政府、軍部と外務省というのは「二重権力」であって、軍部は戦争をしようとしているが、首相の伊藤博文や外相の陸奥宗光らは、「いや戦争ではなくて、朝鮮での日本と清国の力の均衡を求めただけであって、最初から戦争なんてやる気はなかった」という信夫の意見は本当なのかどうか、それに答えることがこの原稿の重要なテーマの一つであった。日露戦争以後、中国に軍閥が各地に勢力をもっていたとき、日本では外務省とは関係なく日本の軍部が各地の軍閥に個別に顧問を送ったりしたことがある。こういう日本の軍部が外務省とは別に外交活動をして「二重外交」と非難されることが、日露戦争のあと見られたが、そういう状況は日清戦争の開戦にも当てはまるのか――？

信夫の二重外交論は満州事変を見ての主張であったことは、さきに述べたが、一九三〇年代の後半、日本は戦争を中国の全体にひろげ、日中全面戦争になる。そして一九四一年には太平洋戦争に突入する。

そういう過程の進行を前に、信夫の主張はどんどん「明確になり」、論点がますますはっきりしてくる。例えば、信夫は一九三八年、『陸奥宗光』（白揚社）という伝記を書く。それによると、陸奥宗光を「封建国家から近代国家への推転期に生まれた中央集権国家のもとで、資本の本源的蓄積の過程に応じて諸々の資本を産業資本に転化せしめる強力として働いた官僚」と規定している。「近代的官僚」に軍部と対立する「開明性」や「平和主義」を見たのは、言外に軍部は〝絶対主義的勢力〃で、近代資本主義を代表する政治勢力にくらべて、「野蛮」であり「武力にたより侵略的」であるという認識があったのだろう。

しかし、議論がこういうように展開してくると、その主張はきわめて教条主義的で硬直した様相を呈して、眉に唾をつけたくなる。

伊藤博文や陸奥宗光をどう見るか

信夫清三郎に限らないが、一九三〇年代の「日清戦争」や「陸奥宗光」の研究などを見ていると、天皇が絶対の権力をもち、国家の大事についての史料などは、国民の眼から徹底的に隠されている、その制約を感じざるを得ない。

信夫の『陸奥外交』には参考文献・資料として、内外の文献を多数あげている。若い信夫の猛烈な勉強のあとをうかがうことができる。

しかし、たとえばこの大著『陸奥外交』の終章の前、第一二章は「七月二十三日事変」、あの日清戦争のときの日本軍の第一撃、朝鮮王宮占領の記述である。しかし、史料の出典は、『玄洋社社史』、山崎有信『大鳥圭介伝』、徳富蘇峰『山県有朋伝』、杉村濬『在韓苦心録』等々、やむを得ないことだが、すべて二次史料ばかりである。

したがって、王宮占領の「事実」も、いまではウソの記述と確証されている参謀本部編纂の公刊『日清戦史』の記述によらざるを得なかった。

こういう制約を国会図書館の憲政資料室所蔵の史料や福島県立図書館の「佐藤文庫」の第一次史料が打ち破ったのである。

なかでも、憲政資料室所蔵の『陸奥宗光関係文書』の『蹇蹇録』にかかわる文書、わけても『蹇蹇録』の草稿である『蹇々餘録草稿綴』（上・下）などを徹底的に読みこめば、日清戦争の開戦についても、「二重外交」などという学説が正しいかどうか、考えるのに貴重な史実がいっぱいある。

ここでは『蹇蹇録』の第一〇章「牙山および豊島の戦闘」に読者の注意を喚起しておきたい。この章の冒頭はつぎのように書き出される。〔（　）は中塚の注記〕

> 征清の役（日清戦争）、海陸大小の戦闘、その数甚だ多し。独り牙山の戦のみ外交これが先駆となりて戦端啓かれ（開かれ）、……（岩波文庫、一二九ページ）

牙山の戦闘というのは日本陸軍がソウルのずっと南方の陸上で清国軍と最初に交戦した戦闘で

ある。この朝鮮に上陸している清国軍を国外に追い出すように、朝鮮国王の委託を日本政府が受けたとして、この日、日本軍が清国軍と陸上ではじめて交戦した、その戦闘は、「外交これが先駆となりて」実現したものである、と陸奥はここで力説しているのである。

日清戦争には陸海、たくさんの戦闘があったが、ただ「牙山の戦のみ外交これが先駆となりて戦端啓かれ」たのだ、日清戦争の陸上、最初の清国軍への一撃は日本の外交が先駆となって開いたんだ——と陸奥外相は書いているのである。

そして、これにつづくこの章の前半では、開戦前、開戦の口実をつくるために、天皇の側近をはじめ日本がいかなる大義名分をもって開戦できるのか、ためらいの声がさまざまにあって、そのなかで陸奥宗光がいかに苦心して開戦に持ち込もうとしたか、が詳細に書かれている。

しかし牙山の戦闘の勝報が伝わると、「我が軍より先ず清軍を進撃するの得失を陳じたる諸般の議論も、全国一般都鄙到る処に旭旗を掲げ帝国の戦勝を祝する歓声沸くが如きの中に埋没せられ、共に姑く愁眉を開きたり」（岩波文庫、一三八ページ）ということになったと『蹇蹇録』で書いている。

詳細は前掲の拙著、『『蹇蹇録』の世界』にゆずるが、信夫らのいう日清戦争を「二重外交」で論じるのは、きわめて教条主義的な議論であることを知ることができる。

当時、川上操六に重用され大本営の参謀となっていた東条英教（当時三九歳、陸軍少佐）は日清戦争の後、『征清用兵隔壁聴談』という私的な日清戦史を書いている。その中に、次のような朝鮮王宮占領の記述がある。〔東条英教『征清用兵隔壁聴談』三六〜三七丁。漢字をひらがなにしたり、句読点や傍線を加えたりして読みやすくした―中塚〕

ここにまた大鳥公使（大鳥圭介）は旅団長南進の決意を聞きて大いに心を動かしたるも、畢竟旅団は今や大本営の意図を奉し戦略的動作に移らんとするものにして、その公使の外交政略に伴ふて進退す可き従来の地位とは其の趣を異にせるが故に、公使といえどもその運動を妨くる事あたわず。されど旅団いよいよ南進する事とならば、公使はその職責上憂慮せざるを得ざる一事あり。すなわち旅団南下して清国と衝突するに適当の辞を得ん事これ也。おもえらく、これを得んがためには、しばらく行軍演習などにたくしすでに清兵と衝突せる後は、天下に向って彼れ我れに（攻撃を―中塚）加へたりと公言するもあえて可なる（に―脱カ）あらざれ共、列国の感情を顧みる時は好んで取るべきの策に非ず。唯もっとも穏当にして我れの責任を免かる可きは、朝鮮政府をして清兵の撃退を我れに依頼せしむるに如かず。これを依頼せしむるの術は兵力を以て彼の政府を脅かすより便なるはなし。しこうして我か兵力を用いんにはまず彼れの答弁にまどうべき難問を提起し、短日を期して其の決答を求め、彼れ若し不満足なる回答をなすかまたはこれに答へざるを機をまってこれを行ふにしくはなしと。

ここに於て公使はひとたび抛棄したる独立問題をえらび、七月二十日、二個の痛切なる要求を韓廷に提出し、二十二日を限りて決答の期限となせり。すなわちその一は韓国の独立と抵触《ていしょく》する清国との諸条約を廃棄すべしと求め、その二は清国が属邦保護を辞として兵を朝鮮に出したるは、すなわちその独立を侵害せるものなるが故に速かにこれを彊土の外に撃退すべしと迫るなり。けだし公使はさきに韓廷が朝鮮は自主の国なりといえる言質をとらえかかる難事を選びて要求したるなり。

公使は右の術策を決行すると同時に人を旅団長の許にはせ、詳にこれを告げて暫く旅団南進の猶予を求め、韓廷若し我が要求を聴かずんば直ちに一大隊の兵を進めて王宮を囲み、彼れ尚ほ屈せざれはすなわち全力を尽して之を威嚇せんことを請えり。旅団長これを諾し、その出発を緩うせり。ただし一大隊を進むるの手続は旅団長の議に依りてこれを省略し直ちに全旅団を進むる事に改めたり……

朝鮮王宮占領がどのような意図のもとに外務省の機関である朝鮮駐在の日本公使と朝鮮に出兵していた日本軍との間で計画されたものであるか、端的に記録されている。

陸奥宗光が『蹇蹇録』第一〇章の冒頭に書いた、「征清の役（日清戦争）、海陸大小の戦闘、その数甚だ多し。独り牙山の戦のみ外交これが先駆となりて戦端啓かれ（開かれ）」という内実は、少壮陸軍参謀が上記のように書き留めた通りである。

大鳥公使の画策を陸奥宗光外相や伊藤博文首相が知らなかったなどということはありえない。

「二重外交論」で日清戦争を論じ、伊藤博文首相や陸奥宗光外相らが軍部に引きずられて戦争になったという議論は、伊藤博文や陸奥宗光の政治家としての全貌を見失うことになる。

伊藤や陸奥が、日清戦争にあたってはじめ武力行使に慎重であったのは事実であるが、それは帝国主義の国々、日清戦争の場合は、とくにイギリスの対応が最大の関心事であった。イギリスの反対があれば戦争はできない、あるいは戦争をしても干渉される、それを恐れたのである。だから慎重に、慎重に、イギリスなどの不信をかわないように開戦の機をうかがう、そういうことをやっている。

軍人の眼には、日清戦争に際して、用兵を妨げた責任は「皆これ宰相の過ちなり」（前掲、『征清用兵隔壁聴談』二七丁）と映ったかもしれないが、しかしそれは伊藤博文の真の姿を捉え損なった早まった判断だと言えよう。

帝国主義国の動向を慎重に判断して、和戦の判断をするのは、「日本帝国」の政治家として当然のことであって、伊藤博文や陸奥宗光が「平和主義者」であったからではない。

たとえば、その一例であるが、伊藤博文首相や陸奥宗光外相が、日清戦争のとき、日本の侵略に反対して再蜂起した東学農民を主力とした朝鮮人民の抗日闘争に血なまぐさい弾圧を加え、皆殺しにした作戦に深くかかわっていたことは、今日では歴史の事実として明らかにされている（中塚明『歴史の偽造をただす』高文研、一九九七年。中塚明・井上勝生・朴孟洙『東学農民戦争と日本』（高文研、二〇一三年）、井上勝生『明治日本の植民地支配』岩波書店、二〇一三年、参照）。

伊藤博文や陸奥宗光らに「平和主義」的な政治家というイメージをもつのは、彼等の朝鮮政策、朝鮮人民に対する帝国主義的抑圧の実態を見失う誤りに通じる。

V

自由人・山辺健太郎

若い研究者を魅了した山辺健太郎

山辺健太郎が亡くなったのは一九七七年。それから四〇年近くが経つ。一九五〇年代の歴史学研究会の年次大会で、山辺の発言に感動した私たちの世代にも、昨今、訃報があいつぐようになった。しかし、半世紀以上も前のことになるが、そのころの歴史学研究会の大会の会場で、いつも具体的な事実にもとづいて、的確な論点を指示し、私たちになにを勉強すべきかを鮮やかに教えてくれた山辺健太郎の発言は、いまもって新鮮である。

一九五二年度の大会は「民族の文化について」を統一テーマにしていた。一九五二年四月二八日、サンフランシスコ講和条約が発効した。沖縄は依然としてアメリカ軍の占領下におかれたが、その沖縄を除いて敗戦後の占領状態が終り、日米安保条約による日本の対米従属体制が新たに始まった。

歴史学研究会の一九五二年度の大会は、講和条約発効直後に開かれた。大会の直前、五月一日のメーデーでは、デモ隊が皇居前の広場で警官隊と激突、いわゆる「血のメーデー」事件となった。その「血のメーデー」事件のすぐ後、三日、四日、五日、歴史学研究会の大会、ならびに結成二〇周年の記念会が東京大学で開かれた。歴史学界では、いわゆる「国民的歴史学運動」が提唱され、京都から参加した学生たちは啓蒙的な紙芝居「祇園祭」を大会で上演したりもした。

山辺健太郎はその「国民的歴史学運動」には批判的であった。そのことは、第Ⅰ章で述べた（三八〜三九ページ参照）。この大会で山辺は大会テーマ「民族の文化について」にそって、近代日本でのプロレタリア文化運動の概観とその問題点などについての補足報告をはじめ、国語問題での言文一致の運動、明治政府の富国強兵政策との関連で数学教育における和算に代わって西洋流の数学を小学校教育で採用したことなどにもふれ、また新しい観点での朝鮮史研究の大切なことなどについて具体的な発言をした。

さらに天皇制がいかに学問の自由な発展を阻害したかについて、次のように述べていた。〔引用にあたって適宜改行した――中塚〕

あなた方は歴史家だから、自分のやったことを考えてみてくれたらわかるのですが、天皇制がどんなに日本の歴史の研究を妨げたことでしょうか。あれがやはりあらゆる文化に出ているのです。それだから今後こういうふうな天皇制の復活、専制的な権力のもとでは学問の自由な発達はないと思う。従ってこの問題をもっと研究しなければならない。

これはひとり歴史だけでなくて、たとえば宗教なんかでも、日本の仏教の中では一種の天皇制的な権力があるものだから、ヨーロッパの宗教研究のような科学的な研究が進まない。大正時代に野々村戒三という近代的な仏教研究者が、「浄土教批判」という本を書いたら、その人の属する本山が、それはいかぬといって一ぺんに首になった。

こういう専制的な権力があらゆるところへ及んでいる。これが日本の学問の自由な発達を阻害した大きな原因で、これに対してどういうふうに闘ったかということを今後大いにやらなければならない。徳川時代のこともやらなければならないが、より現代に近いものをやらなければならぬ。ところが近代史はしろうとでもできるから、とかくそまつな議論が多い。実証を伴わない議論が多いから歴史家にばかにされる。

私は朝鮮語を勉強していましたが、日韓両国語の比較研究は、イギリス人のアストンがやり、そのつぎに金沢庄三郎がやったが、彼が日韓両国同系論を書いたのは、日本の朝鮮侵略を合理化するためです。彼はこう書いています。「今度の日韓併合というのは併合じゃないのだ、もともとわれわれの一家にいたものがわかれていて、つまり、今度は子供が本家に帰って来たようなものだ。その証拠に言葉も元来同系だ」というようなことを書いているが、ヨーロッパの学者はそんな馬鹿なことはいっていません。

日本の過去の官学でやった学問というのは、ほとんど御用学問です。フリードリヒ大王は、こういう意味のことをいっています。「自分は御用学者なんていうものはつくらない、しかし国家の権力をにぎっておれば、この政策なり方針などを弁護してくれる学者というものは、必ず出て来るものだ」ということを言っています。御用学者も、しいて頼まれたものではないでしょうけれども、いつも政権にある支配者を弁護しています。それが過去の文化の特徴であった。これに対して反抗した、そうして人民の利益を代表したものをもっとできるだけ近代の、大正、昭和に近いところから出して行かなければ、われわれの身近に感じないだろうと思います。それで妙な議論が出るのじゃないか。それだから天皇制の復活といったような問題は、歴史家諸君がよくよく振り返ってみなければならないと思います。私は「歴史学研究」に朝鮮史を批評したが、朝鮮史なんかでも京城大学の連中なんかは、せいぜい朝鮮の資本主義の発達を書いたくらいで、日本が朝鮮へ侵略して行って悪いことをやったが、朝鮮民衆がこれに闘ったということはすこしも書いていません。これでは、駄目です。今後は、人民の観点から、新しい歴史の研究をやらなければいけないと思います。

（歴史学研究会編・岩波書店刊『民族の文化について』一七三〜一七四ページ）

第二次世界大戦での天皇の戦争責任を免責したことが、現在の日本の歴史認識の独善性の根本原因だと私は考えているが、そういう日本であたかも天皇の存在が日本の進歩にとって不可欠の条件であったかのような、また天皇家が一貫して「平和的」であったかのような言説が、あたかも「真実」であるかのようにいまも通用するこの日本で、もう六〇年以上も前になるが、この山辺健太郎の発言は時を超えていまなお新鮮である。あらためてかみしめてみるのは、きわめて意味のあることではないか。

歴史学研究会大会などでの山辺健太郎の発言は、舌鋒するどく、「毒舌」ともとれるところがしばしばあった。しかし、そこがまたなんともいえない魅力であった。それは自由奔放で、邪険なところが少しもなかったからである。

これは山辺健太郎の学問と生活に一貫していた大きな特徴で、私たちはこんな山辺に大いにひきつけられたのである。

小説にも登場した山辺健太郎

干刈《ひかり》あがたの小説に「月曜日の兄弟たち」という作品がある（初出は『海燕』一九八四年二月号、『ウホッホ探検隊』福武書店、一九八四年二月にも収録）。

そこに、東久留米市上の原の公団住宅に阿佐ヶ谷から移り住んでいた山辺健太郎・藤原隆代夫妻の話が出てくる。小説だからもちろんフィクションもあるが、山辺健太郎とその住まいの雰囲気がよく書かれているので紹介しておきたい。


私たちはそれから階段を下りて、別の棟のシッポ先生の２ＤＫに向かった。老歴史学者の先生は、時々店へ鮨を食べに来る常連の一人だった。床屋に行かない髪をシッポのように結んでいるのと、何となく風体がタクワンのシッポに似ているので、店の者たちがそう呼ぶようになった。少し年下に見える地質学者だという女の人と一緒の時もあった。二人は三食とも外食するのだという。朝のバスの中で、週に何度か国会図書館の資料室に出ているという先生に会った時、一度遊びにいらっしゃいと言われていた。先生の書いた岩波新書の〈昭和史資料〉という本をもらったので、それを西田明男に見せると、一度会ってみたいと言ったのだった。

表札には、先生の名と、姓の違う女性名とが並んでいた。

扉をノックして開くと、いきなり本の山を蹴とばしそうになった。半畳分のタタキにも、下駄箱の上にも、廊下にも本が積まれてある。私たちの2DKと同じ間取りで、突き当りの襖は閉っていた。先生はダイニングキッチンに招じ入れた。そこにも床から高く低く本が積まれ、テーブルにたどりつくために私は本の島の間を泳いだ。

コーヒーの香りが漂っていた。見ると、ヤカンと簡単な茶道具しかない流し台にサイフォンが置いてあり、アルコールランプの青い炎が静止したように燃えている。襖をとり払った四畳半も、真ん中に敷きっ放しの蒲団の周囲を本が埋めていた。

コーヒーをいれている先生に私は言った。

「先生の部屋、団地のほかの部屋とぜんぜん違いますね。出前に行った時見える部屋はどこもとてもよく似ています。このごろ私、団地の主人公であるはずの住人を、朝の出勤時間にバスの停留所に並ぶ兵士のような列とか、日曜日の家族連れの群とか、員数として見ているような気がします。出前も何号棟何号室と確かめるだけだし」

「ここに住んでいると面白いことが沢山ありますな。土地の高度利用という点からもこうした住宅が増えるでしょうが、未来の都市生活の諸問題がこの狭い2DKにパックされていますな」先生はコーヒーカップを置いて言った。「今日はブルーマウンテンです」

そしてフワと笑って坐った。髪はボサボサで無精髭が生え、歯は黄色い。登山用のアノラックを着ている。ここでストーブを燃すわけにはいかないだろうと納得した。

ここでもてなしに出されたコーヒーが「ブルーマウンテン」だったことに表れているように、山辺健太郎は美食家としても知られていた。おいしいもの、とりわけ甘いものには目がなかった。アイスクリームを一日に四〇も食べたとか、そこで亡くなることになった東京の久我山病院に入院していたときも、ひそかにぬけだして大福餅を食べに行ったと、見舞いに来たものを笑わせるという人であった。

お金のないときは文字通り無一文であったが、原稿料がはいるとそれこそ私たちが日常、口にしたこともないような高級な缶詰を買い込むとか、コーヒーでもお茶でも、最高級品に惜しげなく使ってしまった。

こんな向こう見ずともみえる生活ぶりにも、山辺健太郎のなにものにもとらわれない自由奔放な性格がよくあらわれていた。

すでに書いたところであるが、山辺健太郎は一九〇五年に生まれ、丸善大阪支店の見習店員をふりだしに、社会生活を始めるのだが、こうした山辺の生活、知性、そして自由奔放であるがゆえに、それを束縛してやまない天皇制権力に対する徹底した反抗――それは日本の近代思想史からいえば、大正デモクラシーの自由な側面を、もっとも徹底して生きた見本ということができるのではないだろうか。

藤原隆代小伝

さて、千刈あがたの小説に出てくる「少し年下に見える地質学者だという女の人」というのは、山辺健太郎の夫人、藤原隆代（一九一六〜一九九二）のことである。

藤原隆代は地質学者である。日本の地質学界で大学出身の女性地質学者は、一九四二年、藤原隆代と同じく北海道帝国大学理学部地質学鉱物学科に進学した井上タミとの二人が最初である。

一九四五年、日本帝国の敗戦直後、同大学を卒業し、北海道大学理学部副手、翌年には助手になっていた。そして一九四八年、北海道に組織活動に来た山辺健太郎と知り合ったのである。二人の間に琴線の触れ合うところがあったのであろう。藤原隆代は、一九四八年六月一〇日、北海道大学理学部助手を退職し、山辺健太郎と結婚、東京にきて、東京都新宿区の資源科学研究所の研究員となった。

藤原隆代は、一九七一年から恵泉女学園短期大学に勤務し、山辺健太郎没後も、東久留米市の公団住宅に住んでいたが、一九九二年五月一九日、急性虚血性心不全で亡くなった。

一九九二年六月二八日、「藤原隆代さんを送る会」が、東久留米市の上の原団地集会室で行なわれたが、そのとき友人を代表して、日本地質学会元会長の大森昌衛が「藤原隆代さんの思いで」と題して弔辞を述べた。その弔辞が小冊子『藤原隆代さんを偲ぶ』（藤原隆代さんを偲ぶ会、一九九二年一〇月三一日発行）に収められている。

「藤原隆代の生涯」を述べて要を得た伝記となっているので「藤原隆代小伝」としてその全文をここに収録しておく。

藤原隆代さんの思いで

大森昌衛

私と藤原さんとの出会いは、今から五〇年以上も前の一九四一（昭和一六）年にさかのぼります。東京文理科大学の地質学鉱物学教室に第一期の学生として入学した私は、主任教授であった藤本治義先生から貴女（藤原隆代さん）を紹介されたのが初めでした。当時、岩石学を担当されておられた柴田秀賢先生のところには、のちに京都大学の地質学鉱物学教室へ移られ、同大学を卒業された中山勇さんが副手をしておられ、藤原さんとともに私たちに刺激を与えてくれたよき学友でありました。

顧みれば、半世紀におよぶ藤原さんとの永い交際でした。いま、貴女のいろいろな思い出が走馬灯のように私の脳裏をまわり続けています。貴女と幽明境を異にしているとは、到底信じられません。この思いは、今日の出席者の皆さんの気持ちでしょう。

藤原さんは一九三六（昭和一一）年に小石川の東京女子師範学校を卒業されましたが、向学心に燃え、一旦就職した小学校教諭を辞して、一九四〇（昭和一五）年から東京高等師範学校の藤本治義先生の副手に任用されていました。藤原さんの家が、当時大塚仲町の交差点に近いところにあったため、藤本先生の研究室を訪ねて指導を求められたことがきっかけになったようでした。そのころの日本は、太平洋戦争の始まる頃で、若者の多くが何らかの形で戦争に動員されていきました。東京高等師範学校の先輩の小林学さんが石油開発のため軍属として南方に動員され、北村幸雄さんが中国大陸の戦線に招集され、その壮行会を藤原さんの紹介でお宅の近くの蕎麦屋の二階でおこない、これがこのお二人との最期のお別れとなりました。この二人ともすでに立派な地質学の論文を公表しておられ、学界にとって惜しい逸材の損失でした。大塚仲町の一帯は、その後空襲で焼失し、いまはまったく当時の面影を残しておりません。藤原さんの青春も、戦争のなかで過ごされたのです。

当時、藤本先生がライフワークとして取り組んでおられた「関東山地の地質学的研究」のための野外調査には、みずから志願して同行し、山中を踏査されたそうですが、おそらく女性が本式の地質調査に険しい山中を歩いたのは、藤原さんが最初でしょう。藤本先生から、「藤原さんが、調査についてこられたある時、遅くなって秩父の宿に泊まった折に、宿の人が何を勘違いしたか、夜寝る時の床をひとつしかとってくれなかったので、訳を説明して、別にとってもらったことがありました」、と苦労話を聞かされたことがありました。

藤原さんは、教室の図書室の司書を勤めておられましたが、私たち学生が借りだした図書の管理にはきわめてきびしく、いつも暇さえあれば図書室の机で勉強していて、必要以外には私どもに口を利かないため、怖いお姉さんという印象が残っています。一九四二（昭和一七）年には、北海道大学理学部の聴講生になられ、まもなく同大学の地質学鉱物学科に入学され、一九四五（昭和二〇）年に卒業されました。藤原さんの後任の図書室の司書には、考古学の江坂輝弥さんが地質学の勉強をかねて来られましたが、後に慶応大学の教授として考古学の分野で活躍されておられます。

北大での同級生には、東京女子高等師範学校から進学された井上タミさんがおられ、日本地質学界で大学出身の女性地質学者としてはこの二人が最初でした。このほか同級生には、松井愈さんや、小林英夫さんなどがおられました。北大では、熊の出る山中の調査の折、遅くなって樹上で夜を明かされたことがあったそうです。卒業後は、北大の副手・助手を勤められ、鉱物の結晶化学的研究に専念されました。研究に熱中して、大学の研究室に泊まったことも度々であったとのことです。

この頃、出張で北大の地鉱教室を訪ねた山辺健太郎氏が、藤原さんのこのような向学心に惚れ込んで求婚したというエピソードを聞いたことがあります。ご主人の山辺氏は、優れた朝鮮近代史の研究家として知られ、戦前からマルクス主義を奉じ、共産党員として戦争中には反戦活動に参加し、戦後は日本の民主化のために活躍しておられました。

結婚のため、一九四八（昭和二三）年にやむなく北大を辞して上京され、新宿の百人町にあった財団法人資源科学研究所に入られました。それからは、忙しい仕事の合間に山の好きなご主人と秩父の山歩きを楽しんでおられたようですが、このご主人には不幸にも、一九七七（昭和五二）年に病のため先立たれました。

資源科学研究所に移ってからの藤原さんの研究テーマは、井尻正二さんの示唆があって、化石の化学的研究に変わり、井尻さんとの共同でマンモス象の臼歯に残るコラーゲンという蛋白質に再び石灰化する能力があることを実験により証明するなど、きわめてユニークな研究成果を日本学士院で発表されたりして、この分野の先駆的研究者として多くの貴重な業績をあげられました。その過程で、大阪大学の仁田研究室に留学して、X線回析によるコラーゲンの構造解析という困難な課題を世界に先駆けて取り組まれました。

これらの研究によって、一九六一（昭和三六）年には北海道大学から理学博士の称号を授与され、さらに一九六八（昭和四三）年には「化石の古生化学的研究」にたいして日本地質学会から地質学会賞を贈られました。

一九七一（昭和四六）年には資源科学研究所が解散し、国立科学博物館に吸収される時に、人事面で悩んでおられましたが、幸い松井健さんの友人の紹介で、神奈川県伊勢原市にある恵泉女学園短期大学園芸生活学科の助教授に任用され、化学の講義と実験を担当されました。

そして、一九八二（昭和五七）年に同大学の教授を定年退職されるまで、図書館分館長の要職を勤めるかたわら、この大学に農園があるため、花ものや果樹に興味をもたれ、「花の色」の研究を心掛けておられました。この間、ご主人が入院され、看護のかいなく逝去されたため、その後始末などに公私ともに多忙をきわめる生活をおくっておられました。後輩や学生の面倒見のよいお人柄と、手を抜くことのできない藤原さんの誠実な性格を考えると、よくもこんなに忙しさをこなされたと、感心するばかりでした。そのため、すでに五〇代の半ばを越えた高齢であったにもかかわらず、自動車の運転免許証を取得され、大学への往復のための時間の節約をはかられたようです。しかし、さすがにこの時の無理がたたったようで、一九八三（昭和五八）年ごろからは健康を害しておられましたが、退職後も一九八六（昭和六一）年まで非常勤講師として、学生の指導に当たっておられました。

藤原さんが地学関係の公の会合に顔をだされたのは、一九八三（昭和五八）年一一月に小田原のアジアセンターで開かれた「地球科学の展望」を語り、集団で還暦を迎えた人たちのお祝いをしたときでした。赤いベストを着て皆と談笑している写真が私のアルバムに残されています。このときも、東京から車を運転して往復され、皆を驚かせていました。

この頃、私の息子のところに歯を治療しに来て、終ってから私のところによって私や家内と話し込んでいかれました。健康の話や、学問の話などを貴女特有の口調で話し続けるので、もっぱら私どもは聞き役に終るのが主でしたが、健康は衰えてもいつまでも気持ちの若い藤原さんには敬服させられました。

一九八五（昭和六〇）年の六月頃に、「スイス・アルプスに旅行するのだが、どこを見てきたらよいか」と尋ねられ、藤原さんが海外旅行のできるほど健康を回復されたことを喜び、「ユングフラウでも見て、若返っていらっしゃい」と笑いあったものでした。しかし、この旅行が帰国後の体調悪化につながったようで、この頃からもっぱら闘病生活に入られ、一九八八（昭和六三）年九月には衰弱のため、自宅近くの病院に二一日間も入院されています。我慢強い藤原さんは、健康の話をされる時には、いつも過去形で話され、今は何でもないように話されるのが常でした。今になって私どもは、もっと藤原さんの健康の相談相手にならなかったことが、悔やまれてなりません。精神的にも肉体的にも負担の多かった藤原さんは、期するところあって、一九八一（昭和五六）年にプロテスタントとして洗礼を受けられました。晩年は、聖書の研究に専念しておられたようで、しばしば私に聖書の内容を説かれることが多くなっていました。聖書に通じない私は、藤原さんの孤独な心境を察しながら、もっぱらお説を拝聴するだけで、慰めや助けになれない歯がゆさを感じるのみでした。最後に藤原さんの声を聞いたのは、去年の暮に電話でお話ししたときでした。

赤旗紙上で訃報を知り、ご令弟から電話で詳細をうかがった時は、独り寂しく幽界に旅立たれた藤原さんの気持ちを察して、やるせなさで胸が一杯でした。私のこの気持ちとは別に気丈な貴女は、きっと悟りを開かれ、静かに大往生をされたことでしょう。しかし、気丈な反面で、常に女性としての細かい気配りをしておられた貴女は、友人や後輩、大学での教え子、近所付き合いをしてこられた方々への言葉を残されなかったことを悔やんでおられるかもしれません。藤原さん、安らかにお眠りください。これらの方々は、いま貴女のご霊前に集まって、貴女の言葉なき問い掛けに耳を傾けています。

貴女が最初の女性地質学者として切り開いてきた道は、今では全国で活躍している多くの女性地質学者たちが、貴女の偉業を継ぐために頑張っています。貴女が開拓した古生物学における新しい研究方法は、化石研究会の若い人たちが受け継いでおります。幽明ところを分けられはしましたが、貴女の立派な業績と誠実な人柄は、いつまでも私たちのこころに深く刻まれています。

藤原さん、さようなら。安らかにお眠り下さい。こころからご冥福を祈りつつ、日本地質学会の有志一同を代表して謹んでここに哀悼の意を表します。

合掌

一九九二（平成四）年六月二八日

日本地質学会元会長　友人代表

大森　昌衛

藤原隆代は山辺健太郎をどう見ていたか

藤原隆代は実に竹を割ったような気性のさっぱりした女性であった。私がはじめて山辺健太郎の住まいに泊めてもらったのは、一九六一年のことであるが、そのとき山辺は東久留米の団地に引っ越す前で、住まいは東京杉並区阿佐ヶ谷のある家の一間を間借りしていた。「この部屋は首吊りがあったので家賃が安いんだ！」と山辺一流の笑いながらの話を聞いての一泊であった。書架がなく本が部屋中に散乱していた。本をかたづけてようやく一畳ほどの空間を作って、夜は登山用のコッヘルですき焼きのご馳走になった。その夜、夫人はシュラフにくるまって廊下で寝ていた。

その藤原隆代は山辺健太郎をどう見ていたか、『山辺健太郎　回想と遺文』から全文を紹介する。

健さんのこと　藤原隆代

「思ったことをそのまま書けば、書けるものだ。」書くことの嫌いな私に、山辺はこう言いながら、葉書に、お習字のようにていねいに書いていたのは、多分友人の幼児に対するものであったと思います。かつて、私に来た数通の葉書は、電報のようなものばかりでしたが。一緒に道を歩いている時、彼が突然たち止まると、生垣の下から一匹の猫が近づいて来ます。散歩のとき出合った犬の飼主ともすぐ話をはじめますが、その時には犬はもう健さんに気を許しています。子供と動物は、いつも彼の一番親しい友達でした。小さな子供が大まじめで、彼と向かいあっていた姿や、よく行った山小屋の、子を生んだばかりの猟犬の信頼し切った有様は、今も眼に浮びます。

健さんの話した想い出には、丁度、ある種の子供の話をきくように、実在感に充ち、夢と現実が交錯して、きらめくような気がします。志賀義雄さんのお話によると、志賀邸で消毒剤をなめて死んでしまったバカという犬の件は、次のようになります。僕が、検束されるとき、知人にバカをあずけに行った。バカは自分以外の人から食物を食べないので、死んでしまった、と。この犬を飼うようになったいきさつを何度も話しましたが、血統書つきのすばらしいシェパードで、妻子を一緒にしたくらい可愛がっていたと云っていました。当時の友人の子息佐野氏が、妹さんと二人でこの犬に乗っている写真を持っておられ、バカについて書きたいと話しておられました。山辺と山に登るのが大好きで、リュックサックを出すと武者ぶるいをする。雪の中で時々止って、足うらをなめては進む。一寸先も見えない風雪の中で、まだ進むといってきかないバカを、雪洞の中で無理にシュラーフザックに入れて、一夜を明かし、翌朝眼覚めて見ると、真蒼な空の下に眼の前に山小屋があった話。無人小屋の中で犬が乾パンを掘り出し、分けあって食べたこと。この乾パンの主が、名古屋の見知らぬ若い同志たちであったことを、戦後知った。白馬岳の頂上から一匹で大阪の家まで、彼より先に帰ってしまい、大さわぎしてさがしたときのこと。立派なシェパードを見ると、よくこういう話をしてくれました。母は、健ちゃんがひょっくり訪ねて来て、大きな犬と一緒に座敷に上るのをきれい好きの弟がいやがったと話したことがありました。

自立会時代に飼っていた母猫は、彼に命を救われてから、片時も彼の側をはなれず、彼が子猫の尾をふんでも、飛びかかって攻撃するのは、彼の話している相手と定っていました。

山辺はよく母の話をしました。彼にとってマリア様なのだと感じたものでした。知的な立派な婦人だと思いましたが、苦労の多い、やさしくさっぱりした美しい老人でした。一人で伺うと、よく昔の話をされました。共感のもてることが多かったのですが、全然知らない世界の面白い話が沢山ありました。山辺の父親が家老の出で、頑迷固陋な人であって、二言目には、「この素町人の娘が」といわれ、どんなにか口惜しい思いをしていたことか。丁度その時お腹にいたのだから、山辺はあれでよいのです、といわれました。父のことは、ある時、山辺が、本郷の郵便局長だといったことがありました。母は弟（息子の方）には生活を見てもらうつもりで大学（九州帝大）を卒業させたとも申しました。山辺が満一歳のとき郷里の別府に戻り、山辺の祖母とともに商いをしながら子供を育てますが、山辺が小学校を出るとともに大阪に移ったようです。ここには母の兄たちがいました。

別府時代の飛切りの悪童ぶりは、同級の秀才、佐藤黎明氏が自伝の中に一端を書かれています。当時の子供としては、そう特別ということもないのですが、ずい分乱暴者であった様です。ガキ大将というより、小さい子や、足の不自由な子と一緒に遊んだりして、その親からは絶大な信用があったことは、子供心にうれしく、救いであったと思えます。遊女の流した洗濯物を下流でひろってあげて、よろこばれた話も何度かききました。きっと母親の影響だと思いますが、私が小学校でならった親切などとは、質的にちがったヒューマニズムの薫を感じさせました。また、時にはお灸をすえられたり、けんかをしても、泣いて帰るよりましだ、という母たちの話をきいて、ますます、ケンカにはげむというような子。生活の重荷に加えて母はどんなに苦労したでしょう。結局、一仕事するつもりで大阪に移ります。仕事は失敗して、その後しばらく朝鮮に住みますが、山辺の話では、姉は絵が上手だったので、もっと勉強するために大阪に残ったとのことです。

母の若い頃は明治の風潮で、母も作家を夢みる文学少女でした。大酒家の父を早く亡くし、環境にめぐまれず、一時大正天皇の女官の針子として、宮中に生活しましたが、この人の性格から、とても耐えることができず、間もなくやめています。その生活の様子をくわしくきかされたことがありましたが、今では考えることができないナンセンスなものだったようです。戦後天皇が人間になって救われたのは国民とともに宮城に住んでいた人達にちがいありません。晩年の母は来客につかれると、帰れという代りに、茶器などを片付けました。山辺の弟夫妻の苦労のおかげで、静かに一生を送ることができたのは、せめてもの幸だったと思います。亡くなる夜の最後の言葉は山辺の姉の住所と、彼女をよろしくたのむということでした。

山辺は戦前、大阪で、阪大産研の小倉金之助先生のところで、数学の勉強をしたり、合成樹脂で傘の柄をつくる会社で、ひび割れしないアイディアを出したり、部落に住んだり、実験の手伝いをさせてもらったりした後、小岩井先生のお宅にお世話になったこともあり、当時の小岩井夫人は、山辺を子供のように思うと云っておられました。何人分かのお汁粉を鍋から一人で食べてしまったのも、その時でしょうが、彼は穴にはいりたかったと話していました。

彼は大阪の共青（共産青年同盟）時代から、立派な先輩たちの指導で全力投球をしていたと思います。大阪の労働組合から代表で東京に出て来ていたこともあるようですが、私には、その辺の話はほとんどしていません。

姉のことは、母と同様になつかしんでよく話しました。ただ彼にもどうもよくわかっていない点があったように思いますが、私には、彼の心の底と無関係に、対人関係がうまく行かないのは、やはり彼の側に責任があると思います。ただそれを悪いといって片付ける気は致しません。姉は美しく才たけた方で、魅力に富んだ方だったとききました。振りかえると歴史は何と多くの犠牲をのみこんで来たのかと思います。山辺が私に勉強せよと言うとき、思いを果せなかった多くの婦人を頭においているのだと思います。また本が読めると思って丸善の小僧になり、別の夢を追うことになった彼の分身としてかも知れません。

山辺にとって、外側からどう見えようとも形は変っても幼い日の思いと夢が、彼のエネルギーを集中させ、あらゆる障壁を乗り越えようとさせたにちがいないのです。また、ある時にはじっと耐えてもいた筈です。敗戦、解放後の日本再建時代は彼にも大任が与えられ、のびのびと精一ぱい活動できた輝しい時代でした。しかし長くは続きませんでした。朝六時には家を出て、夜おそく帰り、扉を開くや、かかえて帰った本を読みはじめるといった張りのある生活は、資料集めと、生活のためもあって翻訳の仕事にかかわり、間もなく糖尿病になりました。過労にたたられたのでしょう。

結局党（日本共産党）本部勤務時代にひまを見てはよんでいた歴史と、博覧強記に加えて本マニア的な面が歴史家としての彼を助けるとともに、八方に迷惑をかけることになった点は申しわけなく思っています。

小林直衛氏たち、マルクス主義文献に関する仕事を共にして下さった方、彼の才能をみとめて下さった羽仁五郎氏、その他多くの先輩、後輩の学者の方々、その他、友人同志の方々、殊に一緒に現代史の道のいくつかの分野のけわしい道を共に歩んで下さった方々のおかげで、いくつかの仕事が出来ました。しかも、それぞれの時期に意義のある仕事が出来たことは、山辺の生命の証でした。皆様のお力添で朝鮮殖民史の研究の一部が終り、岩波書店から、『日韓併合小史』を出版できた時は、彼ばかりでなく、まわりの方々が我事のように喜んでくださいました。山辺の言うことがいつも舌足らずで、世間知らずの私がその出版記念会に出席しませんでした。後で大月書店の小林氏から電話で、その時の情況を知らせて下さった上で、私が欠席したことは、非常に残念だといって、叱られました。そんなにも山辺のことを心配して下さる方々に、誠に申しわけなく、また私自身も後悔いたしました。直接出版に当られた方、殊に編集者は大変だったと思います。凝り性で、気儘で、風習はすべて世俗的だときらったり、単純さとずるさ、無神経に見えて神経質な面、その他欠点を数えるときりがありません、彼のもっている性質の属する時代や階層、あるいはそういう人が沢山いて、だから彼は偉くないのだと言うことはできるのでしょうが、彼のした仕事が、その時代とともに、多くの人たちと共に新しい時代に向って、歩きつづけるのだと思います。彼が与えられた枠からはみ出しがちに、しかしほんとうに一生懸命に生きたことは、一緒に進んで下さった先輩、友人、後輩の方々の仕事と共に進んでいくと思います。

どなたかが、山辺はアイディアマンだと書かれたことがありました。朝鮮殖民史を、よい時期に取上げることができたのは幸いでした。歴史を書くとき、彼は文献のクリティークを厳密にしようとしていました。人の談話に関しても十分な裏付けを求めました。果せませんでしたが、彼は日本殖民史をまとめることを目標に、台湾問題に取り組みはじめ、矢内原忠雄先生の『台湾殖民史』を読み、資料を集めに九州に行く予定を組みながら、病状が悪化してしまいました。肺炎をおこしたのが、病院生活のきっかけになりました。

自分の体力を過信していたのだと思います。一時糖尿病が大分よくなり、仕事にも油が乗っていたのですが、調子に乗ってしまうので、いつでも、皆、「まじめにやれ」といいたくなるわけです。山から落ちた時も、自分では他人様の迷惑もかえりみず、強がりばかり云っていましたが、考えてみると、あの辺からだんだん弱って来ています。漢方のお世話にもなりました。高島堂の当主浅野先生が、「この体のどこからあれだけのエネルギーが出るのかわからない」などと云われると、すぐ喜んでしまいます。骨折や外傷は直りましたが、糖尿では、全く医者泣かせの患者に終始しました。病院関係の方や居住団地の皆様にも大変お世話になりました。団地にいらした頃ほとんど入りびたりといってよかった定村さんが子供さんをつれてお別れに来て下さった時「オヂチャンはだまっていても皆きこえているんだよ」と云われた時は、命が最後まで生きようとしている時、私たちも協力しなくてはいけないのだと思いました。私の判断が甘かったために、意識のある間に親戚や知人に会っていた

藤原家の墓所に立つ「山辺健太郎・藤原隆代」墓碑（広島県東広島市西条町）

だけなかった方が多く申しわけなかったと思います。死の二日程前に朝鮮史研究会の宮田さんが、「今までさんざんいばって来たのだからここでひとにいばられてもいいでしょう」といわれて、快心の笑をもらしたようでした。年とって子供にかえったわけではないのです。これが笑った最後でした。気の合った友達や山仲間とへらず口をきいてはよく大きな笑いでほん当に楽しそうに笑いました。

本を愛し動物を愛し人と歴史をこの上なく愛しつづけて、強がりを言っていばりながらそのくせじっと耐えて、いじめた肉体に心を引きさかれて、最後の日の午後、「話ができないから水をくれ」といって、そのまま眠ってしまいました。彼は燃えつきたのだと思います。

藤原隆代は藤原太郎・カズの長女として、広島県三津（現、東広島市）で生まれた。五人きょうだい、妹と弟それぞれ二人ずついたが、弟の一人、藤原正明が浦和市（現在、さいたま市浦和区）に住んでいて、姉、藤原隆代の晩年にはなにかと力になった。藤原正明の手によって作られた「山辺健太郎・藤原隆代」の墓碑が、東広島市西条町大字上三永峠部落にある藤原家の墓所にある。

山辺健太郎の手紙

私は山辺健太郎から大きな学恩をうけた。山辺が第二次世界大戦後、いちはやく日本帝国主義の朝鮮侵略史研究の重要性を主張し、先駆的な研究を残したことは、この本でもすでに述べたところである。

私は、大学の卒業論文で大井憲太郎をとりあげ、それをもとに「自由民権運動と朝鮮問題」などを発表した（一九五九年）が、その抜刷をその年の歴史学研究会の大会の折に山辺に進呈したのがきっかけになり、その後、山辺が亡くなるまで、私の研究をすすめる上で、山辺の大きな示唆・助言を得た。

一九六二年一一月に出た『岩波講座日本歴史』近代4に、私が「日清戦争」を書いたのも、山辺のすすめと全面的な協力のたまものであった。その後、日清戦争の研究を単行本にしたときも、広開土王陵碑の碑文について意見をのべたときも、それぞれに山辺から貴重な教示を得た。

そういう過程で、私と山辺健太郎の書簡の交流は一九六〇年九月から一九七二年一一月までつづいた。私の手元には一九六〇年九月二七日から一九七二年一一月二一日まで八五通にのぼる山辺健太郎からの書簡（うち、封書二二通、ハガキ六三通）がある。

元来、山辺は手紙をあまり書かなかったのではないかと思う。山辺は、つねづね「返事がほしかったら、住所を書いて返信用の葉書をいれときなさいよ」と言っていた。だから、私は山辺になにか尋ねるときには、忠実に返信用のハガキを同封しつづけた。私がきちょうめんにそれをまもりつづけた結果か、どうかはわからないが、のちには返信用のハガキがなくても、山辺から手紙をもらうようにもなった。こうして八五通の書簡が手もとに残った。

山辺健太郎は本書でも述べてきたように、日本近代史上、社会運動史上でも、また歴史研究の面でも、歴史的な人物である。その書簡も貴重なものである。私は一九八六年九月、山辺の知友でもあった法政大学の二村一夫を通して、同大学の大原社会問題研究所に山辺の中塚明あて書簡をすべて寄贈した。また、山辺健太郎の没後、みすず書房から出版された『山辺健太郎　回想と遺文』に三八通を掲載した。

山辺健太郎になにかたずねると、実に適切に、それはこんな本を読むといい、そういう関係の史料ならどこそこの図書館にあるからいっしょに行こうなどと、山辺の足で歩いて探された史料や書物を、例の生き字引きのような正確さで教えてくれた。それと同時に、いま自分はこういう研究をしている、君の方はどうかと尻をたたかれもした。

また、山辺は山と子どもと犬、猫が大好きだった。大峯山をはじめ関西の山々にも登り、史料蒐集もかねて、一九六七、六八、七一年、当時、東大阪市に住んでいた私の家にも泊まった。来ると庭にテントをはったりしてもらって、当時、幼稚園児だった私の子どもなども大よろこびであった。そして、山にいって狐や狸がでてきた話や、秩父の山で猟師が冬眠中の熊をしとめた話など、いきいきと書いた手紙を子どもたちにももらった。天真爛漫、なにものをもおそれず、それだけに豊かな感受性をもちつづけた山辺を、いまもって目のあたりにするような手紙である。

ここでは、紙数の関係で、私が『岩波講座日本歴史』に「日清戦争」を書くことになったとき、その執筆に関連してもらった手紙と、子どもたちにあてた手紙二通を紹介することにする。

◆一九六一年八月一九日　中塚　明あて書簡

日清戦争については、信夫君の『ムツ外交』、田保橋氏の『日清戦役外交史の研究』（東洋文庫で発売しています）はぜひ読んでおいて下さい。外交文書もこのころのはでています。清国側の資料としては、『中日戦争』という資料集五冊か六冊でていますし、これの種本である『李文中公全集』、『清季外交史料』、『清光緒朝中日交渉史料』等は、京都か奈良にはあるでしょう。以上はおもに外交史関係ですから、これに関連のある各国の外交文書も見るべきですが、これも京大の西洋史教室にはあるでしょう。東大にはあります。

つぎに、戦争の経済的背景を考えるばあいの手がかりになる貿易統計については、甲申から甲午の前年までの完備した統計があります。これは China Maritime Imperial Customs という題で毎年でていますが、朝鮮との貿易統計が、甲申から甲午前年まで、これにのっています。また、中国海関のことについては、Hart and Chinese Customs という大冊もあります。しかし、これは私が二年ほどかかってしらべたものがありますから、これをお使い下さい。東学乱も私のしらべたものを使って下さい。防穀令事件については、いまのところ私はなにもしらべていませんが、外務省のマル秘出版物にこれにかんするものがあります。なお外務省の「極秘」となっている外務省出版物目録がありますからこのうちから、日清戦争関係のものを、すぐしらべてお知らせしますから、この本がそちら（京大）にあるかどうかも念のためしらべて下さい。目録自体が『極秘』になっており、「注意」として、「この書目中、極秘とあるものは、その書名といえども公表しないよう」と書いてありました。もしこれが見られたらおもしろいと思いますが、フィルムはこれとおなじくらい値うちのあるものでしょう。

あなたは、主として日本のブルジョアや政治家のうごきをしらべたらいかがでしょうか？さいきん風間書房からでた『明治文化資料叢書』にも、これまで紹介されていない資料が二、三はいっていますが、こんなものも利用できそうです。日本のいかなる階級、いかなる勢力が戦争を主導したのかをきわめてはいかがでしょうか？

大阪商工会議所の図書館などにはおもしろい資料があると思います。

外国人の見た日清戦争の本や論文は、東洋文庫に二百冊くらいあります。これをしらべて、資料的な価値のあるものは、お知らせしましょう。なお日清戦争中に、博文館からでていた日清戦争実記というのは、雑誌のようなもので、日清戦争をめぐる国際情勢や朝鮮のうごきから戦局のことまで書いてあって参考になります。同様なものに、風俗画報もあります。これはきっと、そちらにあるでしょう。こんなものをしらべているうちに、フィルムも見られるようになるでしょう。

あなたが、もし来られるのなら、二十九日の前後が好都合です。もし来られるなら、そのとき、ギオン石段前の『いづ重』という（裏面参照）すしやで、さばずしを三本ほどたのみたいのです（金は送ります）。お手紙の末尾にあること、私も同意見です。いずれ会ってから。

山　辺　健　太　郎

中　塚　様

東洋文庫は木曜日　午前中
　　土曜日　全　日
　日曜日　休　館

ですから、二九日前後といってもこの曜日も考えてから日を、えらんで下さい。二七、二八、二九、三〇日ならどの日でも

私はもう原稿ができました。

◈一九六八年一月三一日　中塚朋子・武あて書簡

あなたたちとおわかれして二カ月たちました。月日のたつのはほんとに早いものですね。私はあの時、お父さんといっしょに武坊を幼稚園におくってから、上六に行き、それから夕クシーで難波へ、難波から高野山へ行きました。高野山につくと、目のまえにバスがでそうになっていたので、荷物のうち、登山に必要のないものを駅にあずけることもできず、そのままバスに飛びのりました。さいわいその時は雨もやんでいたので、山（伯母子嶽といいます）のふもとまでそのバスで行き、それから頂上をめざして登り、あかるいうちに山の上に着き、そこにある小屋に泊りました。山小屋に泊っていると、狐か狸かが小屋にきて、登山者ののこした弁当の残飯をたべにきました。あとで山の人にきいてみると、その動物は、たぶん狐だろうとのことです。むかし、といっても七、八十年ほど前、つまり明治のはじめごろには、この辺にも狼がいたそうですが、その狼は明治三十六年ごろ大台カ原の山で一頭だけりょうしに鉄砲でうたれ、それがロンドンの大英博物館に、日本狼の標本としてのこっています。その後、狼をみたという話はありましたが、その話にはしょうこはありません。

翌日伯母子嶽から、山の上（尾根）をとおって、護摩壇山（和歌山県で一番たかい山です）へ、そこからまた高野山にもどってきました。その時はもうだいぶくらかったのですが、夏ならまだあかるい時間でした。高野山から電車で橋本というところにきて、ここで宿屋に

紀伊山地へ出かける山辺健太郎。大阪府東大阪市の筆者の旧宅で。

泊りました。この橋本は紀ノ川のほとりにあって、むかしはなかなかさかえた町です。宿に泊ったときから小雨がふりだし、翌朝もすこしふっていましたがさいわいに私が山を歩いていたときはいつも晴れていました。運がよかったのですね。

こうして新幹線で東京にかえってきたのですが、それからすぐに京都大学からもってかえった材料をせいりして、二月に出す本の原稿をつくる仕事をしていました。

それから、京都大学の学生さんが卒業論文を書くために東京にきましたが、その人を私の家にとめてあげて、論文を書くための相談をしましたが、その人も猫のすきな人でした。

そんな仕事がすんでから、一月に私は秩父の山へ行きましたが、山では十二月の終りごろ二回雪がふっただけ、その後は全部晴天で、さむさだけが強く、道は全部こおっていました。こんなところを通るのには、靴のうえに、シュタイグアイゼンというものをつけて歩くのでなかなかたいへんです。この秩父の山にも狐はたくさんいまして冬山は食料がなくなるので山小屋の附近にも残飯をたべによくやってきます。笠取山という山の小屋でかっていた山羊の生れたばかりの仔山羊も狐にとられました。狐は肉食動物ですから、兎なぞをよくとってたべますが、山羊は草食で性質もおとなしいので、狐がそばにきても、おおきな声はださないので小屋の人もすぐには気がつかないのです。山はさむいのに、ふもとの方はあたたかく、晴天つづきで空気がかわいて、かぜを引く人が多く、たいていの村はお医者がいない無医村ですからたいへんこまっていました。そちらはいかがですか？

お父さんお母さん、それにおじいちゃんたちは御元気ですか？

山辺健太郎

中塚朋子

武様

◈一九六八年春？　中塚朋子・武あて書簡

この前は、きつねと狼のことを書きましたが、今度は熊の話を書きます。

熊は秋のうちにたらふく餌をたべて、冬は木のうろや岩穴にはいって冬眠します。ところがこの一月、私が山へ行ったところ、この冬眠中の熊をうった人がありました。こんなこ

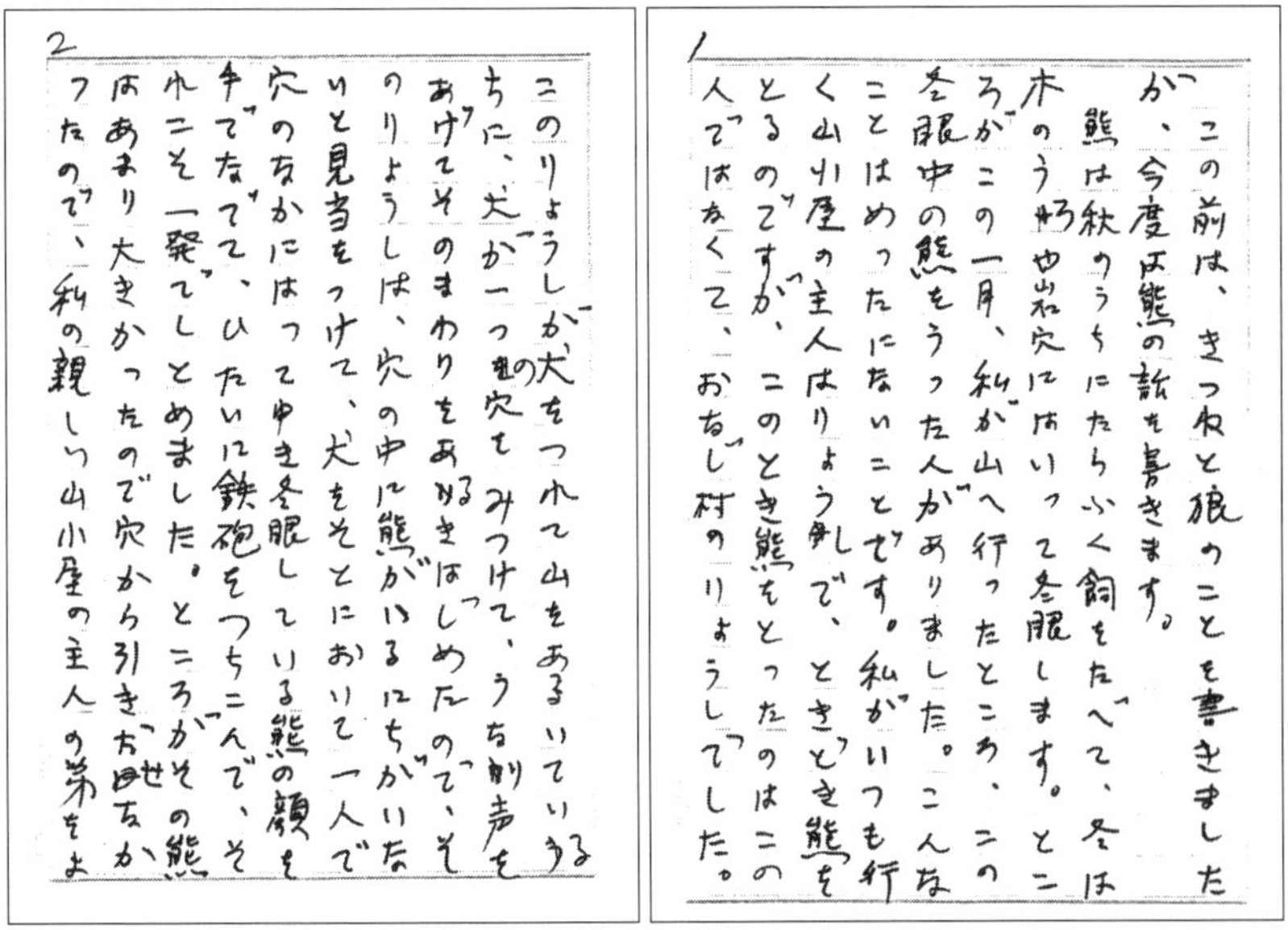
1
この前は、きつねと狼のことを書きました
が、今度は熊の話を書きます。
熊は秋のうちにたらふく飼をたべて、冬は
木のうろや山の穴にはいって冬眠します。とこ
ろがこの一月、私が山へ行ったところ、この
冬眠中の熊をうった人がありました。こんな
ことはめったにないことです。私がいつも行
く山小屋の主人はりょう師で、ときどき熊を
とるのですが、このとき熊をとったのはこの
人ではなくて、おなじ村のりょうしでした。

2
このりょうしが犬をつれて山をあるいているう
ちに、犬が一つの穴をみつけて、うなり声を
あげてそのまわりをあるきはじめたので、そ
のりょうしは、穴の中に熊がいるにちがいな
いと見当をつけて、犬をそとにおいて一人で
穴のなかにはいって冬眠している熊の顔を
手でなでて、ひたいに鉄砲をうちこんで、そ
れこそ一発でしとめました。ところがその熊
はあまり大きかったので穴から引きだせなか
ったので、私の親しい山小屋の主人の弟をよ

山辺健太郎が筆者の子どもに宛てた手紙

とはめったにないことです。私がいつも行く山小屋の主人はりょうしで、ときどき熊をとるのですが、このとき熊を取ったのはこの人ではなくて、おなじ村のりょうしでした。このりょうしが、犬をつれて山をあるいているうちに、犬が一つの穴をみつけて、うなり声をあげてそのまわりをあるきはじめたので、そのりょうしは、穴の中に熊がいるにちがいないと見当をつけて、犬をそとにおいて一人で穴のなかにはいってゆき冬眠している熊の顔を手でなでて、ひたいに鉄砲をうちこんで、それこそ一発でしとめました。ところがその熊はあまり大きかったので穴から引きだせなかったので、私の親しい山小屋の主人の弟をよんできて、村までもってきたのです。ずいぶん大胆なりょうしですね。こんな話はよくうそがあるのですが、これは手伝って

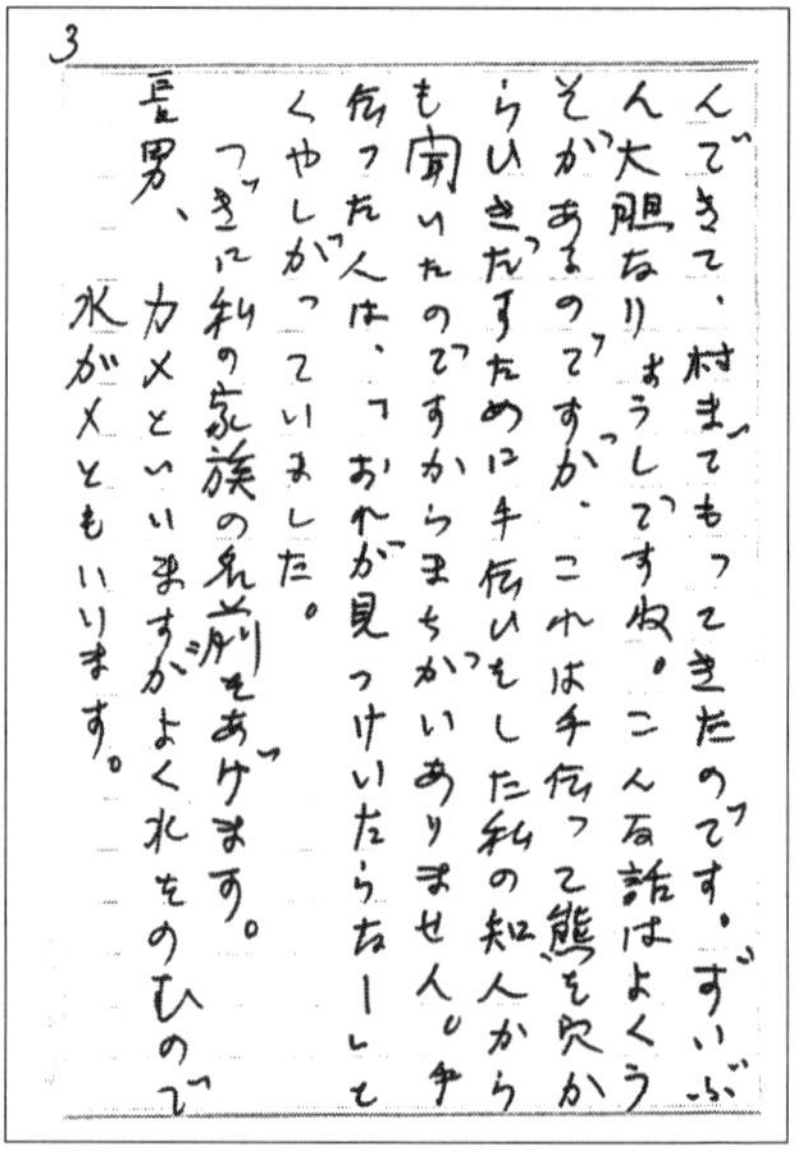

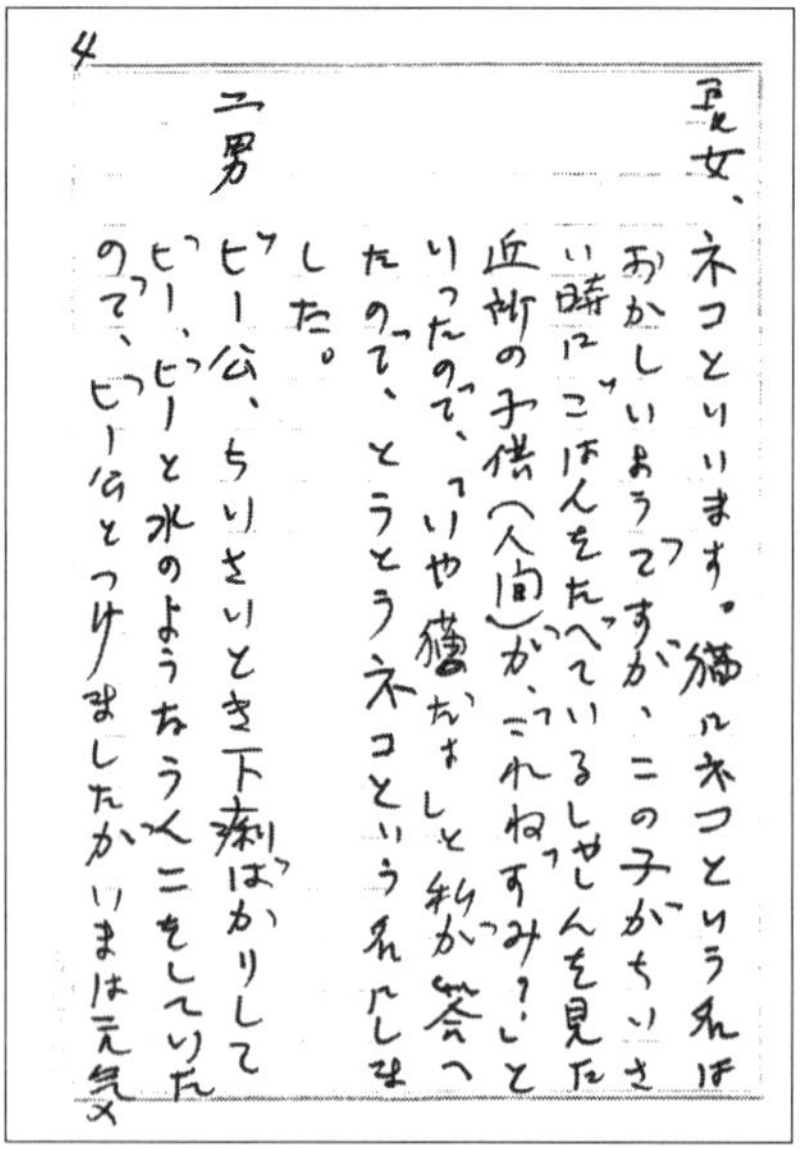

熊を穴からひきだすために手伝いをした私の知人からも聞いたのですからまちがいありません。手伝った人は、「おれが見つけていたらなー」とくやしがっていました。

つぎに私の家族の名前をあげます。

長男　カメといいますがよく水をのむので水ガメともいいます。

長女　ネコといいます。猫にネコという名はおかしいようですが、この子がちいさい時にごはんをたべているしゃしんを見た近所の子供（人間）が、「これねずみ?」といったので、「いや猫だよ」と私が答へたので、とうとうネコという名にしました。

二男　ビー公、ちいさいとき下痢ばかりしてビー、ビーと水のようなうんこをしていたので、ビー公とつけましたがいまは元気です。

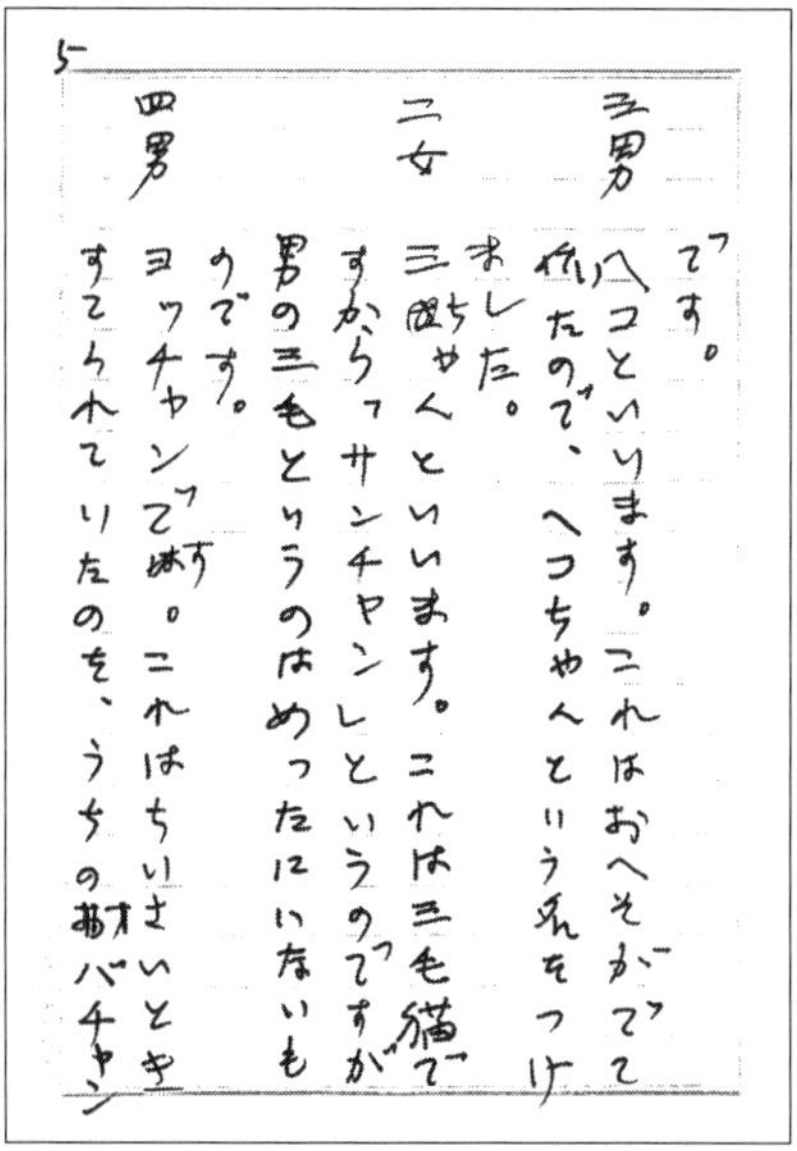

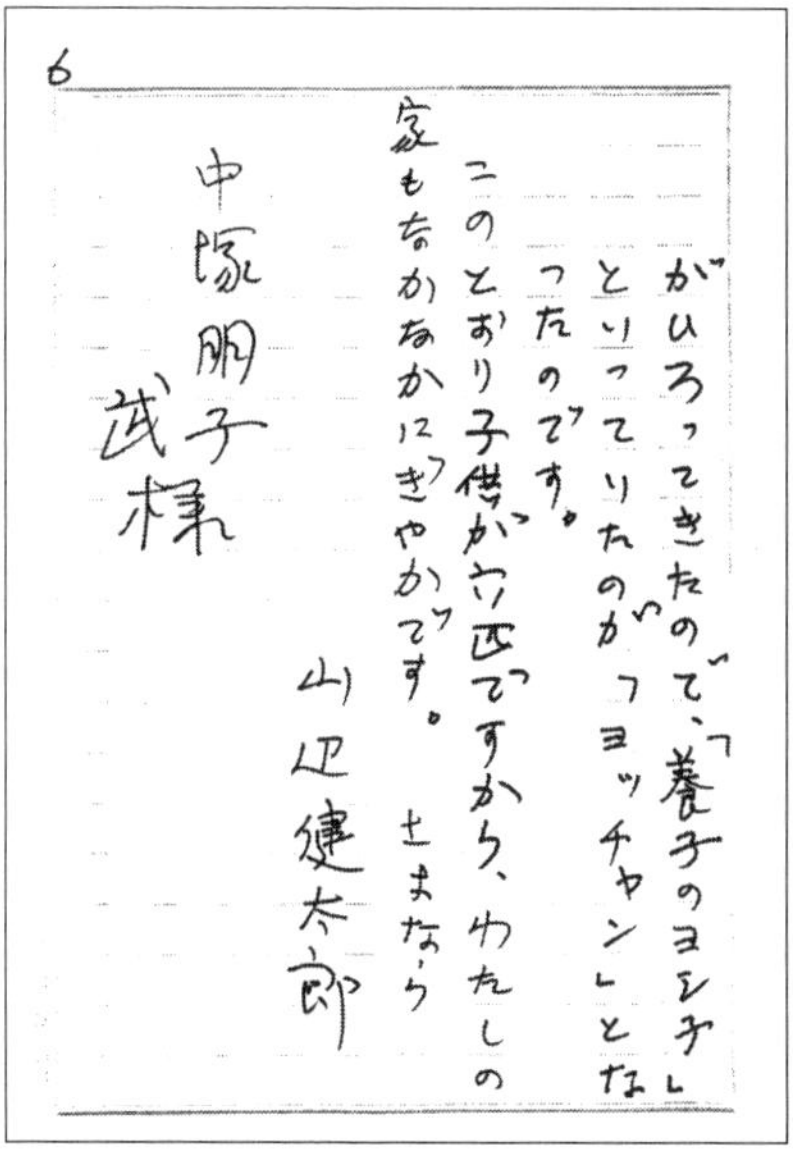

三男　ヘコといいます。これはおへそがでていたので、ヘコちゃんという名をつけました。

二女　三ちゃんといいます。これは三毛猫ですから「サンチャン」というのですが男の三毛というのはめったにいないものです。

四男　ヨッチャンです。これはちいさいときすてられていたのを、うちのオバチャンがひろってきたので、「養子のヨシ子」といっていたのが「ヨッチャン」となったのです。

このとおり子供が六匹ですから、わたしの家もなかなかにぎやかです。

さよなら

山辺健太郎

中塚朋子
武　様

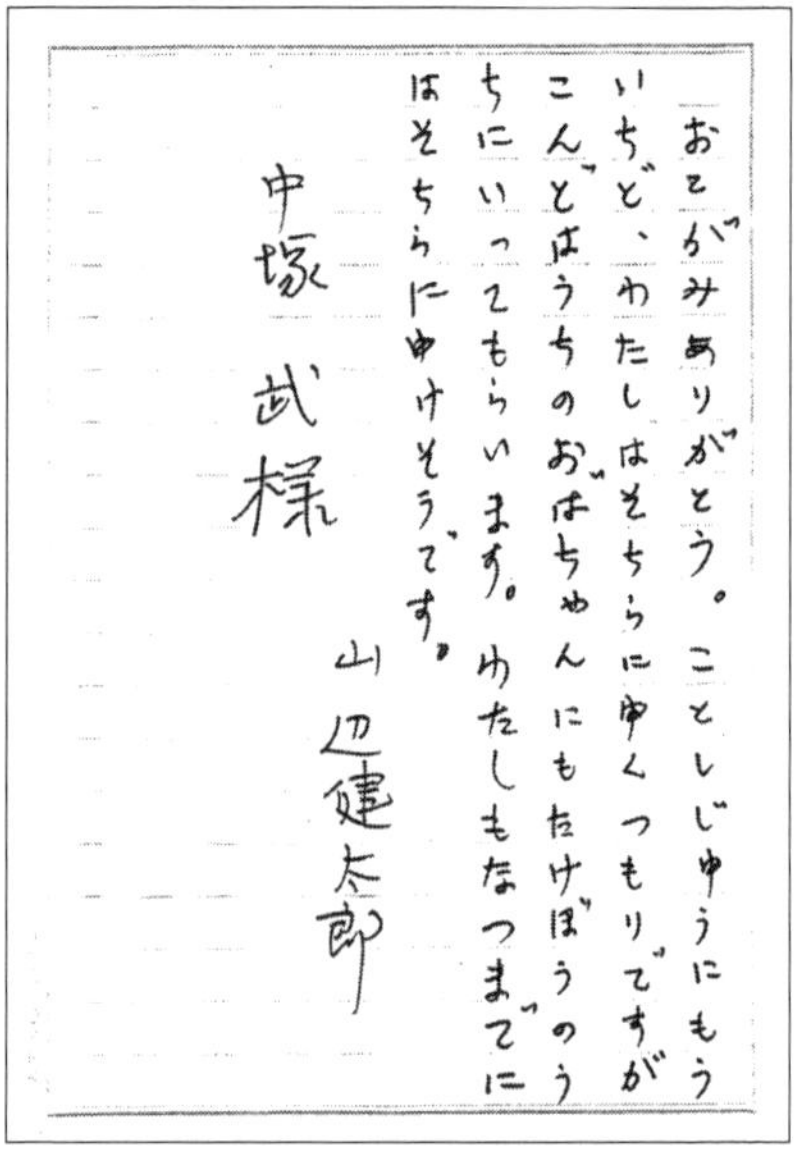
おてがみありがとう。ことしじゅうにもういちど、わたしはそちらにゆくつもりですがこんどはうちのおばちゃんにもたけぼうのうちにいってもらいます。わたしもなつまでにはそちらにゆけそうです。

山辺健太郎

中塚　武様

おてがみありがとう。ことしじゅうにもういちど、わたしはそちらにゆくつもりですがこんどはうちのおばちゃんにもたけぼうのうちにいってもらいます。わたしもなつまでにはそちらにゆけそうです。

山辺健太郎

中塚　武　様

VI

いまも生きる山辺健太郎

日本人は一九四五年の敗戦をどう見たか

「大日本帝国」は一九四五年、第二次世界大戦で敗北した。ユーラシア大陸の東の縁《ふち》につらなる諸島嶼からなる小さな国、日本は、日清戦争・日露戦争をへて、わずか四〇年そこそこで欧米の列強に肩を並べたのだが、日清戦争から五〇年、日露戦争からわずか四〇年で、急転、第二次世界大戦で敗北し、一切の植民地を失った。

日本帝国の敗北後、日本ではアメリカの政策にもより、日本帝国の最高の権力者で、国民はまさに「天皇の命令」で行動していたのに、天皇はまったく責任をとらなかった。また、日本国民の間から天皇の戦争責任を問う声も大きくはなかった。こうして、中国をはじめアジア諸国ならびに西南太平洋諸島嶼で二〇〇〇万もの人々を殺し、日本人にも日本史上、空前の三一〇万人の死者を出した日本帝国の最高の権力者である天皇が免責され、この戦争の責任をごく一部の軍部（陸軍）の指導者などのものとして、敗戦後の政治的、思想的状況を乗り切ってきた。

敗戦後、一九四六年五月から八年七カ月もの長い間、首相の座を占めていた吉田茂（元外交官）は、一九三〇年代以後、日本の国際連盟脱退やドイツとの提携という外交路線に終始反対していた経歴を持ち、敗戦に至る日本の危機は、明治、大正時代の外交からの逸脱によるものと考えていた。

日本の外務省が、一九五一年、サンフランシスコ講和会議を前にこの吉田茂首相の指示でまとめた『日本外交の過誤』という文書は、「満州事変・国際連盟脱退」から説き起こしている。一九四五年の敗戦の起点は「満州事変」と考えていたのである。

敗戦に至る戦争を「太平洋戦争」という呼び方はいまでも使われているが、この呼び方では中国とも一貫して戦っていたのに「アメリカとの戦争」と思ってしまう日本人が多いので、近年は「アジア・太平洋戦争」という呼び方が普及しはじめ、さらに一九三一年からの中国との長い戦争があったのだから「一五年戦争」と呼ぶべきだという意見も以前からあった。

こうした考え方、呼び方には、共通して、明治の戦争とその戦争目的であった朝鮮の制圧・植民地支配にいたる朝鮮侵略の歴史が見逃されていることが多い。

日本の一九四五年の敗戦に至る道の起点を、一九三一年の「満州事変」におく見方には、明治以後手に入れた植民地をはじめ、「大国としての利権」をすべて失ったという喪失感はあっても、その植民地をどうして獲得したのか、その過程について問う視点が欠けている。

「祖国は敗けてしまったのだ。偉大であった明治の先人達の仕事を三代目が台無しにしてしまったのである」（大岡昇平『俘虜記』「八月十日」）

「私など、学校を出て、四十年を満洲で仕事をして暮らして来た。……私たちが力を入れて築き上げて来たことは、軍人たちが始めたこの戦争で、根こそぎ、ひっくり返された。一生の仕事が無駄になったと言ってもよいのだ」（大佛次郎『宗方姉妹』）

どちらも一九四九年の作品である。極東国際軍事裁判（東京裁判）の終わった後、世に出た作品であることを考慮しても、大岡昇平や大佛次郎など当時の日本の知性を代表する人たちにも、こうした感慨があった。――こうした感慨は、「売り家と唐様で書く三代目」という古川柳とも響きあい、敗戦後の日本人の歴史認識に深く染み込んでいる。

軍人、とりわけ陸軍の一部の幹部に敗戦に至る日本の戦争の全責任をおっかぶせた戦後処理は、ひとまずこういう形で幕をひかれていた。天皇も戦争犯罪を問われることなく、「国体（天皇制）は護持」された。天皇をはじめ日本の支配層はホッとし、戦後のリーダー役を務めることになる知識人も、とくにこれを危ぶむことなく過ぎて、現在につづいてきている。

これが敗戦後の歴代政府をはじめ、日本の政治的・思想的・文化的状況をおおった、日本近代史をどうみるか、その歴史認識の基本的な枠組みだった。

この歴史認識は、明治の戦争、日清戦争や日露戦争については「偉大な明治の先人達の仕事」という「明治栄光論」と同居している。日本の朝鮮侵略を問わず、またその日本の朝鮮侵略が日本にとってどんな意味をもったのか、ということを思考の外に追いやったまま戦後を生きてきた思想である。

歴史研究の新たな発展とその可能性

山辺健太郎の歴史研究は、こうした日本への警鐘であった。

由井正臣は、山辺の歴史研究の神髄は、「後世の知恵をもって歴史を裁断することなく、厳密な史料批判をへて選びぬかれた史料によって歴史の『原状態』を洗いだす」というところにあった、と述べている。このことは前に紹介したところである（一三六ページ）。

一九七七年、山辺健太郎が亡くなって以後、近代日本と韓国・朝鮮の関係史でいえば、その「歴史の『原状態』を洗いだす」仕事をする環境はどのように変化、発展してきているか。

まず、特筆しなければならない第一は、韓国での民衆の力が飛躍的に大きくなったことである。解放後も、アメリカ軍の支配、李承晩の独裁、そしてその後も軍事独裁政権が長くつづいた。それが一九八〇年の光州事件をへて、澎湃《ほうはい》として起こった民主化運動によって大きくかわってゆく。一九八七年には国民の直接選挙で大統領を選ぶ道が実現した。その結果、例えば二〇〇四年、東学農民軍の名誉を回復する特別法が制定され、一八九四年以来、これまで「乱民」とされていた東学農民の名誉が回復された。

こうした韓国の民主化運動の発展は、韓国史を「内発的な視野」で見る多様な成果を生むことになった。その勢いは当然、日本での歴史研究にも多大の影響を与えた。

第二には、日本の歴史学界はじめアカデミーの世界でも、敗戦後、自由と民主化のなかで、天皇専制の日本帝国の時代と違って、日本の朝鮮侵略の事実に真正面から向き合う研究姿勢が、部分的ではあっても確実に育っていたことである。

それは、一九九五年、「韓国東学党首魁ノ首級」と墨書されたドクロなど六体の頭骨が、北海道大学の歴史的建造物、古河講堂内のある研究室で見つかった衝撃的な事態のなかで立証された。「東学指導者のドクロ」などが日本の国立大学の研究室に粗末に放置されていたことは、日本の学問・学知に深刻な反省を迫る問題であった。北海道大学文学部では東学指導者の遺骨を韓国に奉還するとともに、同大学文学部教授の井上勝生（日本史、幕末・明治維新を主たる研究分野にしていた）たちによる、日本帝国のなかで北海道大学の前身である札幌農学校がどのような働きをしたのか、その学知の内容の点検はもとより、東学農民に対して日本政府・日本軍はなにをしたのか、その究明を本格的に始めた。

このドクロの由来を調査するために、韓国の民主化運動のなかで東学研究の先導者となった朴《パク》孟洙《メンス》（円光大学校教授）が来日、一九九七年北海道大学に留学、井上勝生たちとともに、東学農民に対して日本政府・日本軍はなにをしたのか、その究明を本格的に始めた。日本の近代史学史上、新たなページを画する研究が進み始めたのである。

第三に、山辺健太郎は国会図書館の憲政資料室を拠点として、主に東京での図書館を利用していたが、この間に地方の公共図書館も充実してきていた。例えば、福島県立図書館では郡山市の実業家、佐藤傳吉が蒐集した日清・日露戦争の時期の厖大な軍事関係資料が整理され、『佐藤文庫目録』が一九六五年に公刊され、貴重な資史料が公開されていた。

しかし、地方の図書館への目配りが山辺健太郎やその教えを受けた私などに十分ではなかったことは、大いに反省しなければならない。

専修大学教授大谷正は、日清戦争で動員された民間の軍夫を調べるという独自の視点から各地の図書館の資料を調べていた。その大谷から私は、「福島県立図書館に日清戦史の草案がある」と教えられた。一九九三年秋のことである。大谷の助言を得て、翌春、私が福島県立図書館を訪ね、佐藤文庫に所蔵されている日本陸軍の参謀本部で書かれた日清戦史の草案を調査した。そして、日清戦争が日本軍の朝鮮王宮占領、そして朝鮮国王を事実上擒《とりこ》にする作戦から始まったことを参謀本部自身が書いていた詳細な記録を発見した。その原文は、一九九四年六月、雑誌『みすず』（三九九号）誌上に公表した。日清戦争からちょうど一〇〇年目のことであった。

第四は、電子機器類の発達によって歴史研究の資料利用の便宜が大きくなったことがあげられる。とりわけ村山富市首相の提言から具体化がはかられ、二〇〇一年一一月三〇日に開設された「アジア歴史資料センター」は、日本の近現代史研究に大きな可能性を提供している。これにより敗戦前の公文書の主要な所蔵機関である国立公文書館、外務省外交史料館、防衛省防衛研究所が所蔵している明治初期から太平洋戦争終結までのアジア関係資料が画像で見ることができるようになった。これは日本だけではなく世界のどこからでもアクセスできる。

もちろん、このような資料利用環境を活用するかどうかはいつの時代でも同じだが、歴史家の主体にかかっている。しかし、歴史家が、なにものも恐れず、事実を解明し、権力者によって偽造された「物語」を「事実にもとづいた歴史」として、市民にひろく還元することを自分の仕事として進めるならば、「偽造された歴史」の欺瞞を白日のもとにさらし、「事実にもとづいた歴史」を市民に明らかにする可能性がひろがったのである。

山辺健太郎の精神を受け継いだ歴史研究

二〇一四〜一五年は日清戦争一二〇年の年でもあった。日清戦争は日本がアジアの圧迫国に転じる画期になった戦争であったが、その反面で、日本がはじめてアジアで大規模な抗日闘争に直面することになった戦争でもあった。すなわち朝鮮で起こった東学農民戦争一二〇年の年でもあったのである。

「朝鮮の独立のために戦う」というのが日本が内外に宣言した日清戦争の目的であったが、しかしこの戦争での日本軍の第一撃は、朝鮮の首都、ソウルの王宮＝景福宮を占領して国王を事実上日本の擒にすることから始まった。

それはさきほども述べたように、私が日清戦争開戦から一〇〇年目の一九九四年、福島県立図書館「佐藤文庫」にある参謀本部で編纂された日清戦史の草案に含まれていた参謀本部自身の朝鮮王宮占領についての詳細な記録により証明された。

他方、前にも述べたが、その翌年、一九九五年、「韓国東学党首魁ノ首級」と墨書されたドクロが、北海道大学のある研究室で見つかったあと、このドクロの由来を調査するために韓国の東学研究者である朴孟洙（円光大学校教授）が一九九七年来日、北海道大学に留学、同大学文学部教授の井上勝生たちとともに、東学農民に対して日本政府・日本軍はなにをしたのか、その究明を本格的に始めた。

おりから私が朝鮮王宮占領事件について『歴史の偽造をただす』（高文研、一九九七年）を出版し、朴孟洙・井上勝生との親交も始まった。同書は朴孟洙が翻訳し韓国の人たちにもよくわかる『景福宮を占領せよ』との書名でソウルで出版された（プルンヨクサ社、二〇〇二年）。

その後、日韓両国で、日清戦争時の朝鮮人の抗日闘争、東学農民戦争とその日本政府・日本軍による弾圧作戦についての研究がめざましく進んだ。日本では井上勝生が調査・研究を先導した。井上は、東学農民軍を主力とする朝鮮の抗日闘争を皆殺しにするため日本から急派された後備歩兵第十九大隊の大隊長、南小四郎少佐の子孫を探し出し、南家に伝えられていた小四郎の軍用行李（旅行用の大型の荷物入れ）に出会う。その行李には朝鮮地方官の文書や討伐日本軍の士官や南少佐自身の報告書などが保存されていた。一〇〇年の時空を超えたその文書群は、南家当主の公正な判断で山口県公文書館に寄贈され、公表された。

また、後備歩兵第十九大隊を構成していた兵士たちの出身地、四国四県の調査も進められた。特にこの作戦でただ一人、戦死した徳島県出身の「杉野虎吉」という兵士がいたが、井上はその記念碑などを丹念に調査し、加えて地元の歴史家の協力で作戦の実態を詳細に記録したある兵士の「陣中日誌」にめぐり会うこともできた。東学農民軍殲滅作戦の戦慄すべき様相が克明に書かれた記録である。

抗日に立ち上がった捕虜を銃剣で、号令一下、突き殺すというのは、昭和の戦争、日中全面戦争で多発したが、それが明治の戦争、日清戦争のとき、この東学農民軍の殲滅作戦ですでに実行されていたことがこの記録から明らかになった。

この事実を、私たち、日本人は忘れてはならない。

朴孟洙と井上勝生と私の三人による『東学農民戦争と日本―もう一つの日清戦争』（高文研、二〇一三年）と、井上勝生の力作、『明治日本の植民地支配』（岩波書店、二〇一三年）は、そのもっとも新しい研究成果である。


山辺健太郎の手法であった「歴史の『原状態』を洗いだす」仕事は、井上勝生の『明治日本の植民地支配』や、金文子『朝鮮王妃殺害と日本人』（高文研、二〇〇九年）、また金文子『日露戦争と大韓帝国』（高文研、二〇一四年）に発展的に活かされ実現している。

在日の歴史研究者である金文子は、アジア歴史資料センターの資料などを駆使し、『朝鮮王妃殺害と日本人』、『日露戦争と大韓帝国』を相次いで公刊した。

明治天皇による日露戦争の宣戦の詔勅も「およそ国際条規の範囲において」戦え、と宣言していた。しかし、事実はどうだったのか。

日露戦争の計画、緒戦の用兵、作戦計画の中心になっていたのは、海軍大臣の山本権兵衛であった。一九〇四年（明治三七年）一月三一日、数日のうちに開戦することを決意した山本権兵衛が、各司令長官と司令官に開戦前における最後の訓示を送った。その中で「我が軍隊の行動は恒に人道を逸するが如きことなく、終始光輝ある文明の代表者として恥づる所なきを期せられむことを、本大臣の切に望む所なり」と述べていた。「国際法をよくまもって戦え」と訓示したのである。

司令長官とは、軍令部長、横須賀など鎮守府の長官、第一から第三までの艦隊の長官、司令官とは、軍令部次長、竹敷（対馬）・馬公（澎湖島）要港司令官と、第一から第七までの戦隊司令官である。

一方、このとき山本は、仁川港でロシア艦の監視をつづけていた「千代田」艦長村上大佐にも訓示を送っているが、それには、

（前略）今後或いは電信の不通を見るが如きことあるべしと雖も、貴官は我が連合艦隊の其の方面に出現する迄、其の地に止まることに心得、臨機の処置は貴官の専断に任ず、又韓国沿岸に於ては、他の列強との関係を惹起せざる限りは、国際公法上の例規を重視するを要せず――と述べていたのである。（『極秘海戦史』第一部一巻五八ページ。傍線は中塚）

韓国の沿岸では、欧米列強と悶着を起こさない限りは、国際法の取り決めは重視するに及ばない、と日本の軍事行動の最高指導者が指示したのである。

そして、日本海軍は旅順港外でロシアの艦隊を奇襲攻撃する二月八日の二日前、二月六日に、日本の連合艦隊の第三艦隊によって、宣戦布告もしていない大韓帝国の鎮海湾を占領し、湾奥の馬山浦の電信局を占領、釜山では韓国の領海内でロシア船を拿捕、ロシア領事から抗議を受けた幣原喜重郎（のちの外相・首相）釜山領事は、領事館警察を使ってロシア領事の電報発信を阻止し、さらに韓国の電信線を切断した。

「韓国沿岸に於ては、他の列強との関係を惹起せざる限りは、国際公法上の例規を重視するを要せず」の方針を、日本海軍と現地日本の領事ら外交官が共同して、大韓帝国の主権を侵害して文字通り実行したのが日露戦争の発端だったのである。

このほか「韓国」の主権のおよぶ領域で、日露戦争開戦前から、日本外交官や日本軍がどれほど韓国の主権を蹂躙して日露開戦に備えたか、驚くべき事実が、旧日本軍、日本政府の資料によって明らかになっている。金文子『日露戦争と大韓帝国』はその事実を精細に明らかにした。

「歴史の偽造」がもたらした頽廃

日清戦争、日露戦争で、日本は韓国・朝鮮（朝鮮王朝・大韓帝国）で、国際法を蹂躙して戦争を始めたことは歴史的な事実として確定している。これは陸軍、あるいは海軍が独断でやったということではない。「伊藤博文や陸奥宗光は知りませんでした」という話ではない。日本政府・日本軍部が承知の上で実行したことである。

しかし、いくら朝鮮王朝・大韓帝国が非力であったとはいえ、上述したようなあからさまな国際法の蹂躙を、日本政府も日本軍部も公にすることはできなかった。

隠してしまうか、ウソの話に作り変えた。日露戦争では戦史の改竄は参謀本部の定めた「日露戦史編纂綱領」で文字通り日本陸軍の方針となった。

「明治は栄光の時代」であった、日清戦争・日露戦争では日本は国際法をよく守って戦ったという話を、今も言ったり書いたりしている日本の政治家、学者、文筆家、ジャーナリスト、マスコミは、自国のこの動かすことのできない歴史の事実をどう見るのか。

記憶は長い方がよい。具体的には明治のここのところをどう見るか、そのことを考えなければならないのである。

日清戦争・日露戦争をたたかった明治の日本政府・日本軍は、自分たちが実行した「戦争の実像」、王宮占領、また抗日東学農民軍へのジェノサイド作戦、そして日清戦後、日本軍が深く関わって引き起こされた朝鮮の王妃殺害の事実などを、明らかにならない方がよいと考えて隠蔽した。帝国主義列強に肩を並べようとしている新興の日本帝国の政治家や軍の指導者として、とられるべくしてとられた判断だったということもできよう。

そのためには朝鮮で行った国際法違反の行為は、日本の内外に伝わらないことが必要であり、その事実が明らかになる可能性のある試みはなんとしても排除しようとしたのである。

しかし、このような国際法違反の軍部や外交官の実行行為を隠すのを当然のこととすれば、それはやがて日本政府・日本軍部の慣行となり、代を継いで累を後に遺すのは当然である。天皇専制のもと国民に政治的自由がきびしく制限されていた近代日本では、その歪みを糺す国内政治の転換は望むべくもなかった。

日本が帝国主義国として政治的・軍事的に肥大化するにつれ、軍部による無法行為をさらにつのらせ、軍部は無法・謀略に狎れる。そしてそれを外務官僚らも阻止することはしなかった。外務官僚も日本の朝鮮侵略で不法を敢えてすることに決して否定的ではなく、したがって軍部の無法に真正面からそれを阻止する行動にでることはなかったのである。

日清戦争から五〇年、日露戦争から四〇年での一九四五年の「大日本帝国」の崩壊は、こうして導かれたのである。「昭和の戦争」が突然、「異常な戦争」になったわけでは決してない。

むすびにかえて――歴史に向き合えないものに未来はない

日本の首相である安倍晋三は、二〇一四年五月三〇日、シンガポールで開かれた「第一三回アジア安全保障会議（シャングリラ・ダイアローグ）の基調講演のむすびの部分――「新しい日本人」とは――の冒頭でつぎのように述べた。

> 自由と人権を愛し、法と秩序を重んじて、戦争を憎み、ひたぶるに、ただひたぶるに平和を追求する一本の道を、日本は一度としてぶれることなく、何世代にもわたって歩んできました。これからの、幾世代、変わらず歩んでいきます。
> この点、本日はお集まりのすべての皆さまに、一点、曇りもなくご理解いただきたい、そう思います。（外務省ホームページから）

「平和を追求する一本の道を一度もぶれることなく何世代にもわたって歩んできた日本」というのは大ウソである。そのことは、この会議に出席した、かつて日本に侵略された各国の人たちはよく知っていたであろう。中国の南シナ海への覇権主義的な行動を牽制する意味から、この安倍演説に対して拍手も少なくなかったと言われているが、こんな子どもじみた虚言、「裸の王様」の口先の弁舌で明治以後の日本の朝鮮をはじめとしたアジア諸国への侵略の歴史事実を消し去ることはできない。アジアはもちろん、世界に通じる言説であるはずはない。

日本政府・軍部は、明治以後の朝鮮への侵略での不法・不義を隠し、ウソの話にして国民をだまし、そのあげくの果てに、自己を浄化し、正常な判断に立ち戻ることができずに一九四五年の大敗北に陥った。

その歴史偽造の結果をいまだにただすこともせず、日本という国は、明治以後の戦争の時代の公的な検証をいつまで避けつづけるのか。

日清戦争・日露戦争は日本が朝鮮を植民地化するための戦争であった。その歴史の事実に一言もふれずに、「日露戦争は、植民地支配のもとにあった、多くのアジアやアフリカの人々を勇気づけました」（二〇一五年、戦後七〇年談話）などと公言するこの国の首相。過去を語らずに「未来志向」をいうことが、この日本という国のありようなら、その国に未来はない。

最後に、羽仁五郎が書いた「山辺健太郎の『日本の韓国併合』を読んで」の冒頭部分をもう一度ここに書き留めて、本書を終わることにする。

筆でかいたうそは、血でかいた真実をかくすことができない。

この書をよんで、魯迅のこのことばをおもいおこすのは、ぼくひとりではあるまい。朝鮮問題とは、日本国民にとっては、実は日本問題なのである。日本の支配者が朝鮮にむかってなにをしたか、その真実の認識なくして、日本国民の自覚は決して真実となることができない。

【山辺健太郎＝略年譜】（　）内は、数え年

一九〇五・明治38（1）五月二〇日、東京本郷で出生
一九一二・明治45（8）別府北尋常小学校入学
一九一九・大正8（15）丸善大阪支店の見習店員になる
一九二〇・大正9（16）大阪の足袋工場の労働者になる
一九二三・大正12（19）自由法律相談所事務員になる
一九二五・大正14（21）日本労働組合評議会結成大会傍聴
一九二六・大正15（22）浜松の日本楽器争議に参加
一九二九・昭和4（25）前年に続く日本共産党員の大検挙四・一六事件で検挙、投獄（三三年末、満期出獄）
一九三四・昭和9（30）大阪労働無産協議会結成に参加
一九三五・昭和10（31）小倉金之助に師事し数学を学ぶ
一九四一・昭和16（37）12月、治安維持法違反で検挙、予防拘禁所に拘束される。ここで金天海と親交を深める
一九四五・昭和20（41）10月10日、出獄。日本共産党の再建活動に参加。書記局員・統制委員・日本共産党史資料委員会・『前衛』編集兼発行人などを勤める
一九四九・昭和24（45）5月15日、歴史学研究会大会に参加、以後大会に出て発言する
一九五八・昭和33（54）日本共産党本部勤務をやめ著述活動に専念する
一九五九・昭和34（55）朝鮮史研究会創立大会に参加
一九六〇・昭和35（56）安保闘争デモ警官の殴り込みで負傷（「六・一五訴訟」原告となる）
一九六一・昭和36（57）東久留米の公団住宅に転居
一九七五・昭和50（71）糖尿病・肺結核で久我山病院入院
一九七七・昭和52（73）4月16日、回盲部ガンのため久我山病院で死去

【主な著作・論文】

「日本帝国主義の朝鮮侵略と朝鮮人民の反抗闘争」（『歴史学研究』別冊「朝鮮史の諸問題」一九五三）、「三・一運動とその現代的意義」（『思想』三七二・三七三、一九五五）、「三・一運動について」（『歴史学研究』一八四・一八五、一九五五）、『現代史資料・社会主義運動(1)～(7)』（編集解説、一九六四～六八、みすず書房）、『日韓併合小史』（岩波新書、一九六六）、『日本の韓国併合』（太平出版社、一九六六）、『日本統治下の朝鮮』（岩波新書、一九七一）、『社会主義運動半生記』（岩波新書、一九七六）など。

あとがき

「この本のなりたち」で述べたように、昨年（二〇一四年）の春、ソウルで山辺健太郎について一冊の本をだそうと決めたときから、約一年半がすぎました。

本の構成をどうするか、私が山辺から教えられたことを思い返し、また山辺の朝鮮史関係の論文を再読し、さらに山辺の没後、山辺について書かれた文章などを集めて読んでいるうちに、ご覧いただいたような内容で本を作ることができました。

感謝しなければならない方々がたくさんおられます。

特に全文転載した文章の著作権者、山辺健太郎については、夫人、藤原隆代の甥にあたる藤原陽一郎さんの快諾を得られたのをはじめ、国立国会図書館憲政資料室の創設に尽力された大久保利謙先生の文章については大久保利泰さんから、由井正臣さんの山辺健太郎の回想については由井映子さんから、また藤原隆代の伝記的文章については大森伸彦さんから――それぞれの文章の著作権者として転載のお許しをいただきました。ありがとうございました。厚くお礼申し上げます。

また、それらの文書の版権をもつ岩波書店・みすず書房からも、本書刊行について諸文書について転載を了解してくださり、ご協力いただいたことに感謝いたします。

また『日本史文献事典』に山辺健太郎の著作を論評されている森山茂徳さん、宮本正明さんにも、その全文の転載をお許しいただいた弘文堂への感謝とともに心よりお礼申し上げます。

さらに金天海については、樋口雄一さんのご労作、『金天海　在日朝鮮人社会運動家の生涯』（社会評論社、二〇一四年）が刊行されたばかりであり、大いに活用させていただきました。樋口さんのご研究によって本書をより豊かにできたことに感謝しています。

ほかにも、文章の転載についてお許しを得なければならない方がおられましたが、遠く外国におられたり、ご遺族をお探しできなかったりで、連絡をとることができませんでした。できあがった本をなんらかの方法でお届けすることでお許しを得たいと存じます。


私は、二〇〇六年から富士国際旅行社の企画の一つとして、「韓国東学農民軍の歴史を訪ねる旅」を、日本と韓国の市民の方々と一緒に行っています。一年も欠かさず続いて今年（二〇一五年）は第一〇回目を迎え、先日その旅を終えたばかりです。

参加者にとってこの旅の目的はさまざまでしょうが、私としては、日清戦争とはどんな戦争であったのか、日清戦争で日本軍は朝鮮でなにをしたのか、もっといえば日本の近代とは何であったのか、それを日清戦争の現地を歩いて、見て、考える旅でした。

この旅をともにした日本の市民は、今年の旅で二五〇人になりました。この旅は、決して一個人、一旅行社の思いつきで成り立った旅ではありません。それには歴史的な背景がありました。

第一には、一九八〇年代の韓国の民主化運動の進展、そのなかでの「東学農民革命軍の名誉回復に関する特別法」の成立、東学農民とその子孫の一一〇年ぶりの名誉回復がありました。

第二には、日本でも山辺健太郎の遺志を継ぎ、日本の朝鮮侵略史研究の深まりがありました。日清戦争における日本軍の第一撃がソウルの景福宮占領であったことの実証的研究や、北海道大学における「韓国東学党首魁ノ首級」――ドクロの発見問題から、その真相究明での井上勝生さんをはじめとする北海道の日本人歴史家たちと、北大に留学してきた韓国の歴史家、朴孟洙さんたちとの共同の研究が進みました。その結果として、二〇〇一年の「東学農民革命の21世紀的意味」国際学術大会が韓国（全州）で開催され、それに私も参加して、東学農民軍の歴史を訪ねるフィールドワークの感動を得ることができたのです。

第三には、敗戦後の日本での民主主義的運動が蓄えてきた力が、この旅行を実現した一つの力になっていると思います。民間教育運動としての歴史教育者協議会の活動や、教研活動など教職員組合の活動があって、韓国の民主化運動と呼応することができたのです。

また、〝ピース・グリーン・ヒューマニティ〟を標榜する一九六四年創立の老舗旅行社、富士国際旅行社が存在したことも忘れることはできません。

この旅を通して、私たちは東学の研究者であり、民主化運動の実践者でもある朴孟洙さん（円光大学校教授）をはじめ、たくさんの韓国市民と交流することができています。

この『歴史家　山辺健太郎と現代』もそうした日韓交流を背景として生まれました。この本が、日本人の韓国・朝鮮にたいする歴史認識を深め、日韓民間交流の発展に貢献できれば編著者としてとても嬉しいことです。

高文研での本書の刊行については、高文研の前代表であった梅田正己さんには従前と変わらずたいへんお世話になりました。編集事務をしていただいた同社の真鍋かおるさん共々、あつくお礼申し上げます。また、二次にわたる草稿を読んで意見をいただいた友人諸姉にも感謝いたします。ありがとうございました。

二〇一五年一一月七日　　秋爽やかな南山城で

中塚　明　識

＊本書は冒頭の「この本のなりたち」で述べたように、韓国で企画が生まれ、韓国でも出版されます。その間の経緯を知っていただくために、「韓国版へのあとがき」を併載しておきます。

《韓国版へのあとがき》

私は、二〇一四年二月末、三・一独立運動九五周年を記念して、義菴孫秉熙《ソンビョンヒ》先生記念事業会が主催した記念講演会に招かれました。講演会場はソウルの由緒ある建物、天道教中央講堂でした。

その際、会場近くのホテルで、聯合通信、ハンギョレ新聞、中央日報から取材を受けました。それぞれ取材の時間はかなり長く、話は私の身の上や研究歴など多岐にわたりました。

私が「緑豆大賞」受賞のため、四月に、ふたたび訪韓したとき、シアル財団の活動家、イ・チャンヒさんから、「二月の記者取材のとき、話の中に出てきた山辺健太郎について韓国で本を出したい」という要望を受けました。

『山辺健太郎伝』を書く能力は私にはないので、ちょっと戸惑ったのですが、しばらく思案して、結局、私が山辺健太郎について一書をものすることを約束しました。

それから約一年半がすぎました。できあがったのがこの本、『歴史家 山辺健太郎と現代』です。――歴史を忘却したかのような現在の日本の思想状況のなかで、日本の青年にも読んでほしいと思い、まず日本で出版しました（高文研、二〇一五年一二月）。

この本の出版に協力していただいた方々は多数にのぼります。その方々の氏名や、この本の出版の歴史的な意味については、〈日本語版のあとがき〉を参照してください。

韓国でも多くの読者を得て、日韓の民間交流に貢献できることを期待します。

（二〇一五年　霜月　編著者　中塚　明　識）

中 塚　明（なかつか・あきら）
1929年、大阪府に生まれる。日本近代史、特に近代の日朝関係の歴史を主に研究。奈良女子大学名誉教授。
主な著書に『日清戦争の研究』（青木書店）、『近代日本と朝鮮』（三省堂）、『蹇蹇録の世界』（みすず書房）、『歴史の偽造をただす』『歴史家の仕事』『現代日本の歴史認識』『これだけは知っておきたい日本と韓国・朝鮮の歴史』『司馬遼太郎の歴史観』（以上、高文研）など。
共著書に『ＮＨＫドラマ「坂の上の雲」の歴史認識を問う』『東学農民戦争と日本』（以上、高文研）がある。

※記事中の写真・図版はすべて著者提供

日本の朝鮮侵略史研究の先駆者
歴史家　山辺健太郎と現代

●二〇一五年一二月一五日――――第一刷発行
●二〇一六年　二　月二〇日――――第二刷発行

編著者／中　塚　明

発行所／株式会社 高文研
東京都千代田区猿楽町二―一―八
三恵ビル（〒一〇一―〇〇六四）
電話０３＝３２９５＝３４１５
http://www.koubunken.co.jp

印刷・製本／シナノ印刷株式会社

★万一、乱丁・落丁があったときは、送料当方負担でお取りかえいたします。

ISBN978-4-87498-584-7　C0021